雲の上へ

ABOVE THE CLOUDS

6日間でエベレスト2度登頂の偉業への道

HOW I CARVED MY OWN PATH TO THE TOP OF THE WORLD

キリアン・ジョルネ
KILIAN JORNET

岩崎晋也 訳 IWASAKI SHINYA

A&F

ウーリー・ステックとエリアス・ミレイユとの、ネパール、クンブ地方でのトレーニング。(Photo by Ueli Steck)

エベレストの北に位置する7000メートル峰を登り、下りはスキーで滑り降りる。
登ろうとした山に拒絶されたら、その日は諦めてほかのことをするしかない。

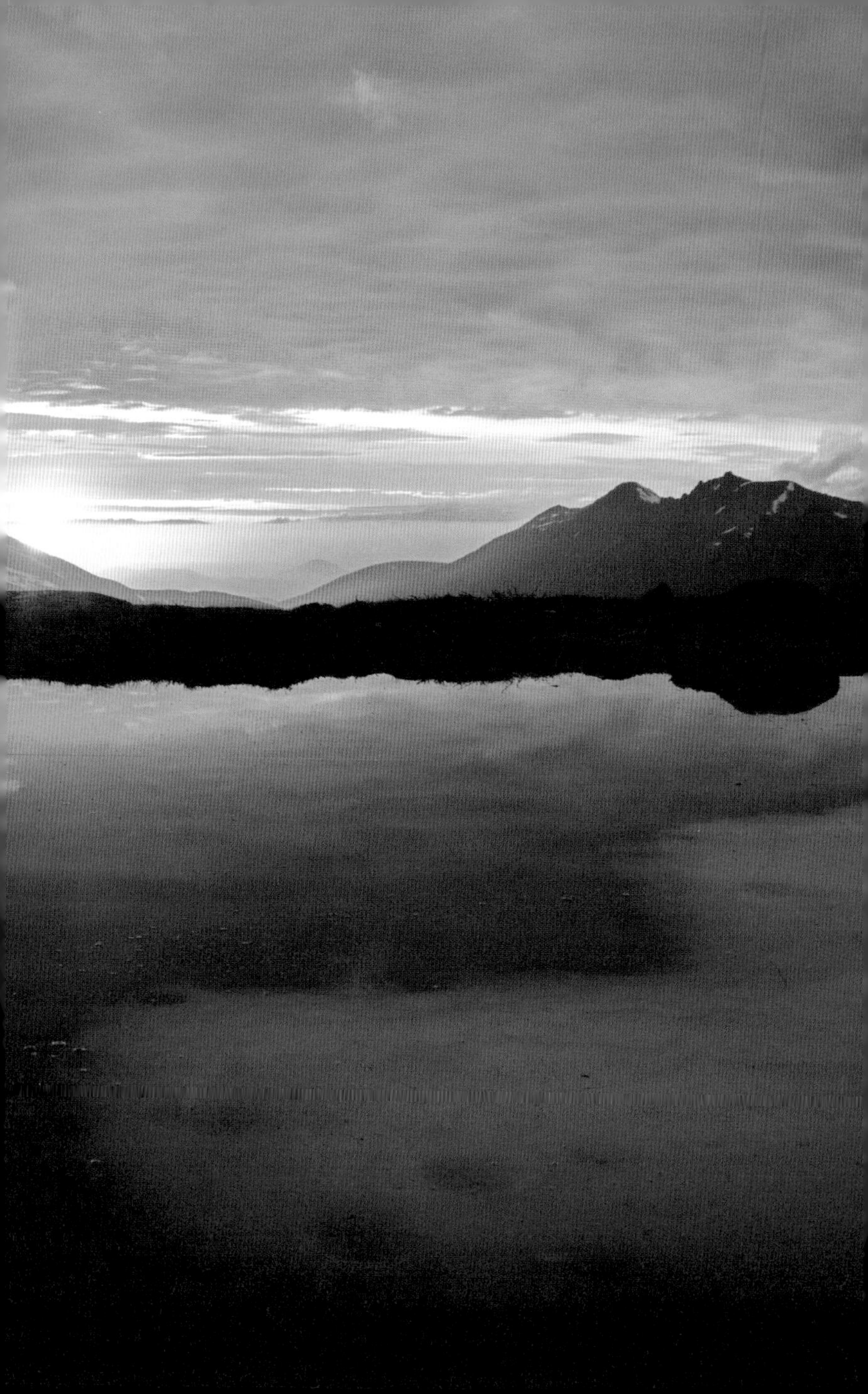

山を走ることは、動きと景色、時間の織りなすパノラマだ。ノルウェー、ロムスダール峡谷。

昼も夜も、ルートを探し、動きつづける。

1

2

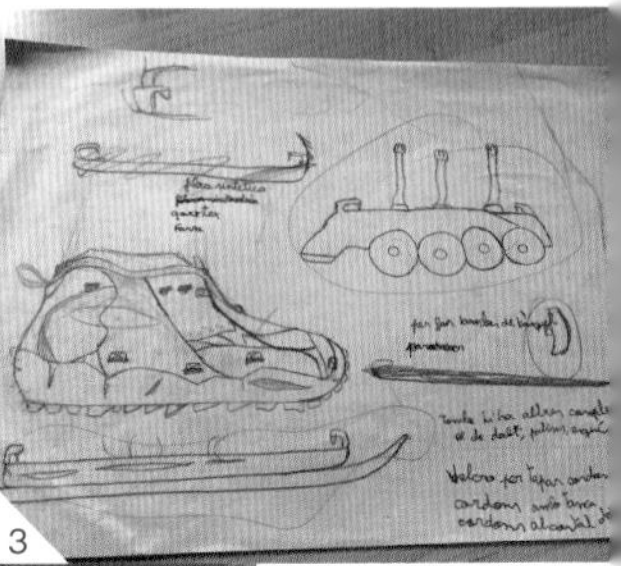

3

4

5

6

7

8

1／勝利の興奮。ほんの少し前までは不可能な夢と思っていた。2007年、スイスのヴァレーで、山岳スキーワールドシリーズで初勝利を収めたゴール後。

2／ジョルディ・トサス、セブ・モンタスと雪嵐を逃れたあと、エベレストの北の山でクレバスを越える。

3／小さなころから、スキーやクランポンつきのマウンテンランニングシューズなどをデザインするのが好きだった。これは7歳のときに描いたものだ。

4／56時間以上走ったあと、冒険の最後の峰でエミリーと会い、一緒に旅を完結させた。

5／ぼくが降りてくる山を見つめるセブ。2017年5月。シュプールを写真に収めようとしている。

6／ノルウェー、ロムスダール峡谷。冬の日は短く、山々は厳しく険しい。

7／ネパールの山頂で、ウーリー・ステックから学ぶ。

8／チベット、シガツェ市を望む。伝統、発展、山並み……あらゆる旅は過去、未来、現在へと身を浸すこと。

雲の上へ

ABOVE THE CLOUDS

6日間でエベレスト2度登頂の偉業への道

HOW I CARVED MY OWN PATH TO THE TOP OF THE WORLD

キリアン・ジョルネ
KILIAN JORNET

岩崎晋也 訳 IWASAKI SHINYA

A&F

目次

〔 〕は訳者注

はじめに

ある朝目覚めたら、走ろうという強烈な意欲が急に湧いてきたというわけではない。

ぼくは生まれたばかりのときから山を走ってきたし、小さなころから何日もずっと、湖の青さや稜線の険しさ、沈む太陽の広がりを意識して過ごしてきた。それに、何メートル登ってきたか、何キロ走ってきてあと何キロ残っているかといった、もっと退屈なことも。

子供のころから、ほかの子供とは少し違っていた。寝室の壁には〈トブラローネ〉のチョコレートのような形をしたスイスのマッターホルンや、世界の屋根と呼ばれるエベレストやその周囲の山脈の壮大なパノラマのポスターが貼ってあった。その後ぼくはマッターホルンにもエベレストにも登った。マッターホルンを走って登り、降りてきたときは往復最短記録を狙っていたが、エベレストのときは違った。新しい登山の方法への挑戦だった。マッターホルンからエベレストまでは四年の隔たりがあるが、そのあいだにぼくの意識は大きく変化した。自分の牛沽が抱えている矛盾に気づいたのだ。スローライフのために速く走っている。自分らしくあるには孤独が必要だが、生計を立てるには人と関わらなくてはならない。レースの興奮と、地上八〇〇〇メートルの静けさを愛している。人里離れた山を自分の目でたしかめるのは楽しいが、環境保護という観点からは、一歩も足を踏みいれないほうがよかっただろう。ぼくはそうした矛盾そのものであり、それへの向きあいかたもまたぼくという人間の一部だ。すべての行動にはよくも悪くも結果がついてくるが、その結果が影響を与えるのは自分ひとりの場合もあれば、多くの人の場合もある。

一〇代のころに山岳レースのしかたを学んだ。トレーニングや調子、完璧な動作はもちろんだが、肉体的なこと以上に大切なのはランナーやクライマーが山をどう見ているかということだ。そこはレースが行われる遊び場にすぎないのか？　スポーツをするスタジアムなのか？　それとも、まったく違う何かなのか？

マッターホルンに登ったとき、ぼくは山を、最大の喜びと楽しみと快感を生みだす遊び場で、競技を行うスタジアムだと思っていた。だがその後、この本に登場する人々と出会い、山の怒りに触れたことで、そのスタジアムは崩壊してしまった。競技はパフォーマンスを競うものだ。計測されたタイム。自分がいつフィニッシュラインをまたいだか。競争相手がいつそうしたか。連盟の管理下に置かれた競技では、パフォーマンスはルールとレギュレーションで判定される。けれども山のなかでは、こうしたものに意味はない。山は（いまも）自由で、誰もが同じように法のない世界にいる。

二〇〇五年五月一四日、パイロットのディディエ・デルサールはエベレストの頂上に立った。ヘリコプターに乗って、八八四八メートルの山頂に降り立ったのだ。エベレストの頂上に登ったという主張は嘘ではないにせよ、登山関係者の多くはその価値を認めないだろう。だが、エベレスト登頂という偉業を達成したことと、単にそこに到達したにすぎないことの線をどこに引けばいいのだろう？　どれだけの段階を踏めば登頂したと主張するのに十分な努力と認められるのだろう？　ぼくはあらゆる近道は生きるうえで必要な個人的選択であり、あらゆる達成もまた同じだということを知った。

　登山に関しては、到達を絶対視し、そこへの移動をないがしろにしてはならない。だからぼくは、単独で酸素補助なしでエベレストに登った。それは単に山頂に立つためではなく、そこへ達するまでの移動にどれだけ耐えられるかを確認するためだった。その四年前、誰よりも速くマッターホルンを登り、そして降りてきたときには、達成することだけにこだわっていた。過去を調べ、最速タイムの保持者を真似し、同じルールに従った。それは競技で、ぼくと彼とのレースだった。だがエベレストでは、競う相手は自分自身だった。

　遠征して走り、レースし、山に登るようになったころには、旅は仕事の一部だとしか思っていなかった。だがいまでは、そのどれくらいの部分が、ぼくの愛する自然界に悪い影響を与えているだろうと考えるようになっている。「そういうものなんだ」という答えで片づけられるだろうか？　長い目で見れば、エベレストに登ることはとても利己的で馬鹿げた行動だっただろうが、この本を書いたことでわかったことがある。そこに登るまでの自分の道のりと、その途中での出会いが、山だけでなく自分に対する見かたを変えたということだ。そして人間と自然との結びつきから、こうした矛盾にしっかりと関わることを学べたと思っている。これから、この変化について語っていきたい。

これはぼくが達成したことではなく、ぼくが経験したことについての本だ。ぼくは何かをしているときに自分に価値があると思える。そして、思いがけない変化や失敗の可能性も、ぼくの魂に対する報いとして受けいれている。

別れ

唇は「愛しているよ」と動いていたけれど、本当に伝えたいのは「ごめん」という言葉だった。重い口を開いて、「心配いらないよ」とか「慎重に行動する」と言い訳をしたが、何を言ったとしても、世界で最も高い山へ命を落としてしまうかもしれない冒険に出かけるのは、彼女には賢明なこととは思えなかっただろう。それでもぼくは生きていると感じるために、たとえ死の危険を冒しても山に登らなくてはならない。

どうにか「行ってくるよ」とつぶやきながら、自分がエゴイストでナルシストだという罪悪感を覚えていた。ぼくは間違いなくその両方だ。トランクからバックパックを取りだしたとき、思わず強く閉めてしまった。急に大きな音がしたことと、奇妙な沈黙にぼんやりしながら、車の後部ガラスを軽く叩いて、もう行ってもいいと伝えた。

八月初旬だが、空気は冷たかった。海の匂いが肺に入ってきた。トロムソはフィヨルドと山に囲まれた小さな島の港町で、ノルウェー北部の北極圏にある。夏の何週間かはずっと太陽が沈まず、昼が続く。まるで時間が意味を失ったようだ。老人たちが真夜中の散歩に出かけ、近所では朝早くからバルコニーを修理したり、屋根にタイルを張っているのが見える。このあたりでは酔っ払いの集まりが、暮れることのない一日のあいだずっと居すわっている。だが太陽の光は弱く、高く昇らずに低く周囲をまわりながら、地平線を淡い色や黄色、オレンジ色で描きだし、ときどき強烈な赤に染める。

ぼくが愛する女性に別れを告げた空港は島の端にある。エミリーが車で去るとき、ぼくは静かなキスを投げた。振りかえらずに歩いて空港に入り、チェックインカウンターに着くまえに涙を乾かそうとした。これから出かけるエベレストの頂上への旅では、困難や危険が待ち構えていることはわかっていた。それでも、一瞬たりともこの決断に迷いが生じたことはなかった。

その数時間前、エミリーとぼくは一緒にランニングをしていた。ずっと明るいから、夜に食事をしたあとで出かけた。足を延ばし、数日間、二、三〇〇人のランナーが参加するレースの手配をしていた緊張とストレスを振りはらいたかった。ここ何日かは、ほとんどずっと電話をして、車で行き来し、人と握手をしていた。そうしたすべてを洗い流すために、ふたりだけで走ることがどうしても必要だった。

細い道を走りはじめ、町の騒音から遠ざかっていく。山々に包まれたかった。家や店から聞こえてくるラジオ番組は消え、風の優しいささやきに包まれた。人混みやタバコの息詰まるような空気は、混じり気のない新鮮なそよ風に変わった。少しずつ脚は軽くなり、数日感じていた硬さがほぐれていった。最初の山頂に登り、止まらずに走りつづけた。未舗装の道を離れて野原に入り、新しいルートを登った。足がひんやりとした草に埋まる。黒いアスファルトの乾いた硬い表面とはまるでちがう。少しずつ、ぼくたちの心臓は同じリズムで鼓動し、地面を打つ足の音と響きあいはじめた。

並んで走りながら、ここ何日かの騒々しさとは対照的な平和な静けさに浸った。だが、幸せには必ず終わりがある。この穏やかさの先には別れが待っている。ときどき、たがいに口を開いて、伝えなくてはならないことを言おうとするのだが、言葉が出てこなかった。

空港へ向かう車のなかでも、ふたりがどちらも長いあいだ感じていた気持ち、恐れと後悔を表現できなかった。そしてそれを口にしないまま、ぼくがこの旅から戻るまで続く暗黙の約束が結ばれた。

飛行機の窓越しに町は小さくなっていき、やがて消えた。フィヨルドやまだ雪に覆われた山頂や山肌、谷を越えるとき、ガラスの向こうに飛行機の影ができた。そこを通る道や峰の多くを知っていたが、空中からは新しい道が見え、帰ったあと、そこを走っている自分を想像した。けれどもいまは、みな置いていかなくてはならない。ほかの山や道を求めていくことを許してほしいと願った。

一緒に走っていたとき、何を伝えれば離れているあいだにエミリーが経験するはずの苦しみを軽くすることができただろうと考えた。巧みなジョークとか、気の利いた言葉とか。でもぼくはその場ではうまく言葉が出てこないのだ。山にいると心が穏やかになるのは、イタリアの登山家ラインホルト・メスナーが言ったように、山は公平でも不公平でもなく、ただ危険だからだ。そしてその危険のなかでは、自分の決断が正しいかどうかについては論理的に判断できる。山のなかでは決して迷うことはないが、それほど明確ではない対人関係では、ぼくはどうしたらいいのかわからなくなってしまう。

雲のなかに入ると大地は見えなくなり、乱気流によって現在に引き戻された。別れはいつも矛盾した感情の波を呼び起こす。離れることの自由と、残してきた温かさと親しみへの懐かしさが交じっている。

飛行機の荷物棚には重さちょうど五〇ポンド〔約二二・七キロ〕のスーツケースが置かれている。この旅に必要な荷物を綿密に計算し、高山を征服するために必要な装備を入れてある。もう何も入れる隙間はない。ペン一本すら。

準備はほぼ完璧だった。少なくともぼくにはそう思えた。このひと月はほとんどアルプスの標高四〇〇〇メートル以上の場所で過ごし、肺と身体をエベレストの山頂に向けて準備した。高い標高でも動きが楽に感じられ、山の技術的な困難にも備えられた。

山頂に向かう時間のなかでは、すべてが数量化できるわけではない。必ずこれまでに走った距離や克服してきた厳しい状況を超えることが起こる。自分には山に登るために必要な冷静さが備わっていると確認できるのはそんなときだ。まともな感覚であれば平常心ではいられないはずの場所でも、当たり前のように感じていて、危険だとは思わない。アルプスでのトレーニングを終えたとき、ぼくはまさにそうした精神状態だった。そしてエベレストへ向かうこの飛行機のなかでも同じで、危険に対する閾値《いきち》はいつもより高かった。そのことは安心だけでなく、自分への恐れも覚えさせた。さらに登りたいという気持ちと、引き返すことのできない境界を渡ってしまうことを防ぐだけの冷静さを保つ自己保存の感覚のあいだで、正しい選択ができるかどうかわからないからだ。

　食事を載せたカートを押した客室乗務員が通路をやってきた。チキンとライスか、野菜パスタか、どちらにしますかと笑顔で尋ねられる。ぼくはパスタを選んだ。すべての乗客がクローンであるかのように、同じ動きをしはじめた。小さな厚紙のパッケージを開け、覆っているフォイルを剝がし、指で食べものの熱さをたしかめ、ビニール袋からフォークを取りだして四枚のレタスの葉を刺す。ぼくたちはトレイの左に置かれたプディングを横目でちらりと見る。**チョコレートかな？**

　正しい食べかたがわからないまま、加熱されたマカロニの容器に最後に手をつけ、使い捨てフォークでかき回す。満腹になった。すべてをできるだけきれいに積んでテーブルの端に置き、客室乗務員が回収しに来るのを待った。

　大陸をまたぐフライトは大都市のショッピングモールに行くようなものだ。子供の泣き声がやまず、一〇代の若者が小声で話し、ときどき大声や笑い声が聞こえてくる。食事はまずく、使いもしないものがきらびやかに宣伝され、映画や音楽やゲーム——そのどれでもかまわない——で時間を潰す。

そうした環境のためにかえって時間を無駄にしてしまわないよう、遠征の日記を書き、日ごとの行動、斜面や高度の計測、高度順化中の感覚の記録、気象データなどの重要な出来事を記録する予定のノートを開いた。書こうとしたが、これほど狭い場所に大勢の人々と詰めこまれていると、真っ白のページに一文字も書くことができなかった。

自分に苛立ち、誘惑に負けて、前の座席の後ろに設置された小さな画面で観られる映画を探した。運よく、最初のクレジットが流れたあたりで眠りに落ちていた。

夢のなかで、ぼくは森に入った。大きな木がある。ただしアメリカの巨大なセコイアではない。ピレネー山脈のような古い森に生えている木だが、均整が取れないほどに大きい。まるで子供や小動物の目の高さから見あげているようだ。

落ち着いてはいたが、怖さもあった。森の奥では、あらゆるものが目のくらむような速さで動いている。ぼくは歩きはじめた。外に出たいのだが、すべてがぼくのまわりで回転して邪魔をしているので、正しい道を見つけて進むことができない。走り出しても、まわりのものは変わらない速さでまわり、動いている。思うように足が動かず、鉛でできているように感じられる。苔が生え、松の葉で覆われた地面に足が張りつく。どうにか動けるようになると、森が嵐に見舞われた船のように傾き、ぼくは倒れた。

木々のあいだを通りすぎる動物たちの影が見えた。何十頭もいるようだ。その巨大な動物が、ぼくを囲みはじめた。その輪はしだいに小さくなっていく。動物たちがぶつかるほど近くなったとき、実は一頭しかおらず、脚の長いマンモスのようなものが大きな歩幅で走っているのだと気づく。けれどもよく見ると、ぼくを恐れさせた動物はマンモスではなく、巨大なウサギだった。

突然、誰かが木を斧で切り倒そうとしているかのようなカツン、カツンという音が聞こえた。音は近くでしている。そしてウサギのような動物が、ぼくの肩をつかんだ。カツン、カツン。

「失礼します。お飲みものはいかがですか?」。客室乗務員の声に驚いて目を覚ます。

眠りたいという仕草で何もいらないことを伝えると、彼女はたくさんの飲みものが載ったカートを後ろの座席のほうへ押していった。そのとき、ふと気がついた。あれはペティータだ。子供のころ、嵐の日に、家の裏の森で見つけた野ウサギだ。夢のなかでは巨大だったけれど、助けたときは怪我をした子ウサギだった。ずいぶん昔のあの日の午後、ぼくはウサギを家に運び、エサと水を与え、寝室に寝かせて一緒に眠った。ところが数日後、ウサギは回復して部屋が糞だらけになり、ぼくが眠っているあいだシーツの下に何度も入りこんだため、森に帰しなさいと両親に言われた。

ぼくのだよ! ぼくが見つけて助けたんだ。家の隣に大きなウサギ小屋を建てたんだ。それに学校から帰ってきたら毎日エサをやっていたし。

だが飼いはじめて数カ月経ったある日、授業が終わったあと会いにいくと、ペティータは死んでいた。ぼくは大泣きし、自分が間違ったことをしたのかと繰りかえし考えた。知らず知らずのうちに、世話をしているつもりでウサギを殺していたのだ。ウサギは捕らわれたまま生きるよりも死ぬことを選んだ。動物のなかには、自由を失うと死んでしまうものもいるのだ。

飛行機から降りた三日後、ぼくは残してきたすべてから遠く離れたように感じていた。エミリーと一緒に、たがいに沈黙を破りたいと思いながら走ったとき、足を浸したひんやりとした野原。なぜ何も言葉を交わさなかったんだろう？　彼女のハグは、いまではるか彼方だ。それに町も、乗りものも、騒音も、それに前の車のせいで飛行機に乗り遅れてしまうというぼくの焦りも。事前準備の注意事項で埋まったノートや、夢に出てきたペティータのことも。

前を見ても後ろを見ても、上を見ても、白がすべてを覆っている。そして見下ろすと、両足は雪に刺さっている。静寂は厳しく絶対的で、遠くの甲高い音が聞こえてくる。

実際には、静かでなどなかった。ぼくは大きく息をついていた。風は凶暴に吹き荒れていた。空から落ちてきた雪が大人しく落ちずにあらゆる方向からぼくに吹きつけ、上衣に当たってリズミカルな音を立てている。あまりの騒音で、かえって何も聞こえない。ところが、そんな静かとは言えない状況で、ぼくは静かだと感じていた。斜めに登るルートを示す微かな白い筋で、挑んでいる急斜面がわかる。だが数メートル先で、その斜面は嵐のなかに消える。後ろでは、登ってきたルートはほとんどすぐに雪の下に沈んでいく。さあ行こう、キリアン。もう一歩。雪は膝まで上がってきていた。それはすぐに風で固められるだろう。

五感の力を駆使して状況を読みとろうとする。ほんの二時間前には危険には見えなかったこの二〇〇〇メートルの壁面が、雪崩の罠を隠した巨大で不安定な氷面に変わろうとしていた。ピッケルをできるだけ深く刺す。一緒に登ってきた仲間は後方のどこかにいる。だが深い霧に飲みこまれ、姿はまったく見えない。

エベレスト北壁の東側〔エベレスト北稜と北東稜のあいだの壁面〕の五〇度の斜面をもり一歩登りながら、この数時間で積もった雪が壁面から剝がれて山肌を落ち、ぼくを巻きこまないように願った。

一歩足を前に出そうとするごとに、ぼくは思った。これがぼくの最後の山になるのだろうか？

どうやってこんなに遠くまで来たんだろう？

それは長い物語だ。始まりは、エミリーにさよならを言ったときでも、ネパール行きの便に乗ったときでもない。それに若いころ、エベレストに登ることを夢見たときでもない。自分でも意識していなかったが、物語が始まったのはそれよりもはるか以前のことだった。これからその話をしよう。

トレーニング

競技で勝つためにトレーニングをする選手と、トレーニングをするために競技に出る選手がいる。

ぼくは後者だ。競技を目標にすることはモチベーションを与えてくれるが、そんな目標がなくてもトレーニングはできる――いや、なくてもまったくかまわない。

全力で急斜面を登るときに感じる脚の痛みや息苦しさに強烈で倒錯した快感をはじめて覚えたときのことを、ぼくはいまも覚えている。一〇代はじめのころ、春の終わりの一日に フランス、オクシタニー地域圏のアリエージュ県で、学校の友人の父親であるジョアンとサイクリングをしたときのことだった。空は青く、息詰まるような暑さだった。その地域に張りめぐらされた山道のひとつを登っていたのだが、どの道だったかは覚えていない。細い道をたどり、廃村や家畜のいない牧草地を通りすぎていった。ジョアンはペダルを漕ぎながら、振りかえって忠告した。

「漠然と何キロも進んだり、リズムも目的もなく山に登るのはやめたほうがいい。仕事のつもりで、信用を積み重ねるようにやるんだ。そうすれば、本当に速くなりたいと思ったときに役に立つ」

聞いているような顔をしていたが、関心があるのは毎日、昨日よりも多くの距離を稼ぎ、より速く進むことだけだった。話が長くなり、聞いているのが嫌になるとスピードを上げて離れ、そのあと力を出し尽くして疲れきってしまったふりをした。脚が痛みだしたが、さらに速度を上げると息が切れて、おかしなことにそれが快感に変わっていった。やがて峠まであと一キロという標識が見えると、がっかりしている自分に気づいて驚いた。
「さあ、あと少しでいちばん楽しい部分だぞ」。ジョアンはぼくを励まそうと、下りが近づいていることを告げた。
「ええ」と、ぼくは答えた。「でもぼくは、いつまでも登り坂を走っていたいんです」

一二歳の夏には、カタルーニャの中心自治体プッチサルダーからスタートし、アンゴラとフランスを通過してまた戻ってくる、総距離一五〇キロメートルを超えるスリーネイションズ・サイクリング・レースに参加した。ただ長時間自転車を漕ぎつづけるだけでなく、優勝争いに加わりたかったから、自分がこなしたすべてのトレーニングとライディングを記録しはじめた。両親に連れられて、あるいはひとりで長距離のウォーキングやサイクリングをするようになって何年も経っていたが、具体的な目標に向けて意識的にトレーニングをしたのはそのときがはじめてだった。

その年の夏にはスリーネイションズに、秋には八〇キロのカバージョス・デル・ビエントに参加した。また、〈山岳スキー技術センター〉というユースチームに加入した。母がぼくのエネルギーを体系的な練習に向けさせようとしたためだ。そのチームに入ったのは幸運なことだった。人生で最も影響を受けたふたりの人物、センター長のジョルディ・カナルスと、最初のトレーナー、マイテ・エルナンデスに出会えたからだ。

二〇〇四年の夏、マイテ・エルナンデスは教え子全員に小さな石をくれた。その春に女性登山隊の一員としてエベレストの北壁から登頂したときに拾ってきてくれた小さな記念品だった。ぼくはそれを宝物にして大切にしまった。

ジョルディは一九八三年と一九八五年の二度、オスカル・カディアックとトニ・ソールス、カルレス・バレスがエベレスト登頂を果たした初のカタルーニャ登山隊の参加者だった　彼は自分の経験を伝え、大会で全力を尽くすことだけでなく、山では安全に、十分な装備をして臨むことが大切だと語った。教え子のなかから、プロになって世界チャンピオンを目指す選手が出るとは思っていなかっただろう。だから彼は、まずは山での経験や努力を楽しむことにぼくたちの気持ちを向けさせた。

あるトレーニングのときのことだ。ピレネー山脈のアルプの町に近いトーサ山を登って降りるコースの二周目か三周目の登りにさしかかっていた。山頂に向かう急な斜面の脇を通り、先頭集団の選手たちはジョルディに必死で追いつこうとしていた。彼は涼しい顔をして登っていたが、ぼくたちを驚かせるために立ちどまって少しコースを降りたあと、また同じところを登った。そして選手たちの前に立ち、顎に片手をあてて何かを考えるようなポーズをとると、事もなげに皮肉な口調でこう言った。

「山頂はこの斜面の上にある」

ぼくたちは彼を見て、本気で頂上に登ろうとしているのかを読みとろうとした。そこに来たのはトレーニングのためで、無駄なことはせずコースをたどるはずだった。スキー板をはずして頂上まで登り、また板をはめるのに、たとえ二〇秒ほどしかかからないとしても、そのたびに少しずつ時間が遅れ、予定のペースが狂ってしまう。

ジョルディはさらに言った。「きみたちはスキーを履いて山に登るためにここに来ているんじゃないのか？　山登りで何より大切なのは頂上に達することだろう？」

競技スポーツには平等は存在しない。たとえばぼくがバスケットボール選手になりたいと思ったとして、情熱をこめて取り組み、すべての力を出し、必死の努力をしたところで、たいしたことはできないだろう。〈技術センター〉の加入テストを受けた子供のころから、ぼくはすでに山岳耐久レースの世界で未来を切り拓くために必要な資質を備えていた。筋力や爆発力ではグループでも下のほうだったが、登り坂は楽に走れたし、年上の人たちにもついて行けた。それは回復力が高く、小さな軽い身体だったおかげだ。人は自分の遺伝や体格を選ぶことはできないし、それは一生のあいだついてまわる。とはいえ、それだけでは誰が成功するかはわからない。生まれ持った性質だけでなく、勤勉さと情熱が伴っていなければならない。ぼくは幸運にも、そうした必要条件も満たしていた。それは、すべてのアスリートが備えているわけではない。情熱を持って取り組むが、それに見合った身体や能力に恵まれていない選手もいる。何年もの禁欲的な努力のすえに大きな成果を出すかもしれないが、必要なそれ以外の要素を持っていない場合には、超一流にはなれないだろう。またすばらしい能力があるのに、競技者として成功できるほどそのスポーツを愛していない人々もいる。彼らは十分な努力をせず、モチベーションを保つことができない。

信じられないかもしれないが、ぼくは山岳スポーツをするつもりはなかった。ぼくは小さなころ、妹と一緒に両親に誘われてこの世界に入った。暮らしていたのは標高二〇〇〇メートルの山小屋で、棚にはクルト・ディームベルガーやロジェ・フリゾン＝ロッシュ、ワルター・ボナッティといった登山家たちの本がたくさん並んでいた。学校の長期休暇中は、いつもピレネー山脈やアルプス山脈のどこかで山登りをしていた。

逆説的だが、ひとつのことにそんなふうにどっぷりと浸かっていると、思春期の子供は両親が望むのとまったく正反対の方向に進んでしまうことがある。でもぼくと妹がいまも山を愛しているのは、ぼくたちが山とスポーツをする楽しみには収まらないはるかに深い関係を山と築いているからだと思う。

まだ母の脚に抱きつくような幼いころ、夕食後、パジャマを着て歯も磨いたあとで、ときどき母に外へ連れ出されたことがあった。明かりも持たないで、暗い森に入っていった。道もわからないまま、コケや落ちた枝のあいだを歩いて、家の明かりが見えなくなるまで歩いた。そこで母はぼくたちの手を放し、森の音に耳を澄まして、自分で小屋まで戻りなさいと言った。最初は音や暗闇が恐かった。「オオカミがいたらどうしよう? 迷子になって、戻れなくなったらどうしよう?」と思って、震えて母のところへ走っていった。だがしだいに暗闇と夜のささやきに慣れていった。夜、気温が下がるときしぎしと音を立てる枝や、飛びたつヤマウズラの羽ばたきで震える空気の音、あるいはヒューヒューと木々を渡る風。こうした音を聞くと、ぼくたちは落ち着きを取りもどし、風や動物に挨拶し、しるしをたどって家まで戻った。こうした自然なしかたで、ほとんど意識することもなく、母から山の一部になることを教えられていたのだ。

年月が経ち、一〇代になると、ぼくは自分にマゾヒスティックな傾向があることを知った。それが、プロのアスリートになるという夢を叶えるために欠かせない最後のピースだった。最初のピースは、両親と山を歩いていたとき、平らでない場所で筋肉や腱を自然に動けるように鍛えはじめたことだった。山道で長時間歩いたことが心臓を鍛え、スタミナをつけてくれた。これで身体の準備は整った。

ぼくは素直な生徒だったが、学校では退屈していた。人づきあいはゼロで、友達を作ろうともしなかった。興味があるのは学ぶことだけだった。クラスメートたちは鐘が鳴るのを待っていたかのように、水を飲んだり公園で遊んだり、家に急いで帰ってテレビゲームをし、友達と遊んだりしていたが、ぼくはただスニーカーを履いて走りにいくことしか考えていなかった。心臓の疲れや脚の痛みを感じたかった。

自由時間はいつもトレーニングをしていた。夜明け前に時間が取れたら、母とスキーを履いて出かけたり、ただ走ったり、ローラースキーで家から学校まで二五キロ滑って行ったりした。昼休みには食堂へ向かわず、町の周辺を走りまわっていたし、マイテ・エルナンデスの指示で週に三日間筋力トレーニングをしたときは、町のジムに行った。午後に家に帰ってくると、バックパックを部屋に置いたらすぐに自転車で出かけるか走りにいった。マイテに休むように言われたときはテレビに張りついて、ステファン・ブロスやリコ・エルマー、フローラン・ペリエ、グイド・ジャコメッリといった偉大な山岳スキーヤーの動きを簡単な用語で分析する、『チャンピオンのテクニック』というDVDを何度も見た。友達がひとりもいないことや変人と呼ばれていることは気にならなかった。ぼくが知りたかったのは自分の身体がどこまで行けるのかということだけだった。

大学に入っても同じだった。同じようにスポーツをしていたクラスメート以外では、ぼくの社会生活はレースで出会う人に限られていた。学期の終わりに旅行に行くこともなければ、パーティやダンスには一度も行かなかったし、断ることができないようなときを除いて、酒を飲むことは一度もなかった。酒の席を避けていたのは、時間とエネルギーの無駄だし、トレーニングをするか休むほうが意味があると思っていたからだ。

あなたがいま、若いころのぼくは周囲から切り離され、視野も狭かったのだろうと考えているなら、たぶんあまり的はずれではない。ぼくは自分の人生をスポーツに捧げると決めたときから、いくつかの扉を開くためにはべつのいくつかを永遠に諦めなくてはならないと確信していた。
　ぼくにとって、スポーツをして生きていくことは犠牲ばかりの人生を送ることではなく、多くの選択をすることだった。行き先は自分で選ぶ。大事なのは自分が本当にしたいことの優先順位をつけ、計画に疑いを持たずにやり遂げることだ。友人やガールフレンドを持つことと、競技で世界チャンピオンになるために努力することのどちらが重要だろうか？

　大学に入ってまもなく、自分でトレーニングするようになった。マイテのもとで五年間、努力の配分とか、負荷と休憩と超回復の関係を理解し、目標によって中長期的な計画を立てるといったトレーニングの基礎を学んでいた。その五年間で、考えなしに登りに挑むマゾヒストから、重要なレースに勝つためにトレーニングできる選手になっていた。こうした考えを吸収し、実行に移すのをマイテは辛抱強く見守ってくれたし、さらに一八歳のときに脚に怪我をして、六カ月身体を動かせなかったことも成長するうえで役立った。手術をした外科医は以前のパフォーマンスは取り戻せないかもしれないと言った。それによって不安を掻きたてられたことと、事故によってキャリアが駄目になってしまう可能性もあるのだと気づいたことで、ぼくはアスリートのパフォーマンスに影響を及ぼす要因を取り憑かれたように学びはじめた。生体力学やトレーニング、心理学、技術、装備、食事……それは価値ある学びだった。脚の怪我に向きあったことはまわり道ではなく、そのおかげで選手としての旅を続けていくうえで必要となる重要な決断をすることができた。心と身体の働きに関する自問は、大学で体育を学んだ数年間にさらに深まった。けれどぼくはつねに我慢できなかった。すぐに自分の役に立つ結論を知りたかった。レースでは勝利を収め、毎日のトレーニングに自信が出てきていたので、自分の身体を使って実験することにした。

考えたのは、身体のある部分を限界まで酷使してみることだった。たとえばエネルギーを補給せずに代謝によってどれだけ有酸素運動ができるか、あるいは高地で無酸素運動を繰りかえしたあと、どれくらい回復できるか、といったことだ。こうした点が解明できれば、実験結果やその理論的な応用を活用できるだけでなく、自分の身体に備わった潜在能力と限界を一〇〇パーセント正確に感じることができるだろう。

もちろん、こうした実験をするには、かりに予想外のことが起こったとしても回復する時間が取れるように、競技に出ていない時期を選ばなくてはならない。また怪我をしてすぐに帰宅しなければならない場合に備えて、近所の安全な、慣れた場所で行わなくてはならない。

大学時代にパーティに行ったのは一度だけだった。いま言ったような実験をしたあとに、クラスメートにだまされて出ることになったのだ。そしていまでも、行く気になったのは実験で気持ちがくじけてしまっていたからだと思っている。

たしか二〇〇八年の春のことだった。ぼくはフォン＝ロムでエネルギーを摂取せずにどれだけ動けるか、つまり何も食べずに何日間トレーニングやランニングができるかを自分の身体で試そうとしていた。そのために、ぼくは普段どおりの生活をし、朝に二時間から四時間、午後にさらに一時間走りつつ、期間中は何も食べなかった。食べものが部屋にあったら空腹に負けてしまうことはわかっていたから、あらかじめ在庫を整理した。冷蔵庫と食品置き場にあったものをすべて友人にあげ、ぼくが夜中に食べものをもらいに来ても、絶対に与えないようにと釘を刺した。ただ水だけは好きなだけ飲んでいいことにした。

明確にしておきたいのだが、この実験の目的は、エネルギーを取りいれることなく、身体がすでに持っている脂肪と筋タンパク質だけを燃料にしてどれだけの距離を走れるか、その各ステージでどのような過程を経るかを知ることだけだった。ダイエット中や食事の量を減らしたときに、同じパフォーマンスが発揮できるかをたしかめる方法だと思ったことは一度もない。

残念なことに、エクストリームスポーツ、なかでも体重が大きな意味を持つ競技（山岳スキーを含む）では、多くの選手が体重を落とすことに躍起になっている。彼らにずっとつきまとう、とても重要な問題だ。なかには、何も食べずに長時間過ごすことで目標体重を維持している選手もいる。夜明けに起き出して、何か食べないともうトレーニングできないからと冷蔵庫を漁る選手もいる。さらには食べたものを吐きだし、空腹感をごまかして体重を落とすという場合もある。

エクストリームスポーツは極限まで身体を酷使し、怪我の危険を冒して行われる不健康な競技だということを受けいれる必要がある。それならば、ぼくたちは自分で身体を管理し　つねにコントロールしなければならない。基本的な欲求のままに行動していたら、それは負けを意味する。自分がしていることをコントロールできていなければ、このスポーツは美しさを失い　ぼくたちは悪循環に陥り、抑鬱《よくうつ》状態になったり、過食症や拒食症といった病気になったりしてしまう。極端な場合には、人生の意味を見失い、自分からそれを放棄してしまうこともある。悲しいことに、こうしたことはスポーツの世界ではずっとタブーだったが、明るみに出す必要があるように思う。

　フォン＝ロムでの実験の話に戻ろう。

　部屋から食べものをなくし、最後まで到達しようという意志を持って、ぼくは走りはじめた。幼いころから、両親と一緒に何も食べずに何時間も走ったことがあったから、初日はパフォーマンスが落ちたとは感じなかった。まあ正直に言えば、戻って部屋でひとりになったときは強烈な空腹を覚えた。腹を空かせてひと晩過ごし、朝には三、四時間ほどかかるいつものルートへと出発した。フォン＝ロムの修道院からゲレンデの頂上まで登って反対側から降り、いくつかある湖のひとつの周囲をまわって、ブイユーズ湖へ行くか、カルリット山の頂へ登る。戻る途中で、スキー場の斜面の上のエリアを目指し、それからアパルトマンまで降りてくる。斜面をゆっくり登っているあいだに、実験の影響をはっきりと感じることができた。

　ぼくは緩やかなペースで数時間走ることはあまりつらくないので、全体のペースはほとんど変わらなかった。ただ、いつもなら斜面を上がるときに可能なかぎりスピードアップをするのだが、絶食して二日目にはそれができなかった。どれだけ頑張っても全力疾走できなかった。身体はディーゼルエンジンを積んだトラクターのように、ゆっくりと長距離を走ることはできるものの、力を失っていた。

三日目と四日目もだいたい同じだった。だが五日目の朝のランニング中に気を失い、地面に倒れた。

運よく、しばらくして自分で意識を取りもどした。人がよく通る道だったので危険な目には遭わなかったし、必要なら誰かが助けてくれただろう。ぼくは修道院まで戻り、そこから友人の家に行って食べた。

同じ週に、ぼくは説得されて学期末のパーティに出た。ところがオレンジジュースを一杯飲んだところで気絶し、人々の注目を集めることになった。

その後も、自分の身体を知り、トレーニングに役立てるためのさまざまな方法を実践してきた。睡眠や水分補給、数種類のトレーニング、高地でのランニング、異なる装備、週に一〇〇時間の訓練など。実験のほとんどはひどい結果に終わった。思いどおりのパフォーマンスができず、疲労が大きすぎてあまりそこから実りを得ることはできなかった。それでも、ひとつひとつの実験から実力を高め、自分の限界を広げるためのヒントを手に入れることができた。

最近では、高度順化について調べる実験をした。二〇一二年に世界の最高峰を最速で登頂して下山する記録更新を目指した「サミッツ・オブ・マイ・ライフ」のプロジェクトを始めたとき、最も気になっていたのはこの点だった。二〇一三年にはじめてヒマラヤ山脈を訪れたときから毎年、少なくとも一度は高地に遠征したり、一定期間を過ごして順化の方法を試した。そうしたときはいつもあまり長く滞在しないようにしていた。人生には山の麓で三カ月過ごすよりももっと大切なことがたくさんある。

ヒマラヤ山脈にはじめて行ったときは、順化は成功したのだが、期待したほど速く登ることはできなかった。二〇一四年にアラスカのデナリに行ったときは、身体が完全に消耗してしまった。二週間の滞在で、最初の数日は快調だったのだが、山を速いペースで登り降りすると、エネルギーはもう残っていなかった。そのあと同じ年にアコンカグアに行った。直前のアルプスでの順化は成功だった。アルゼンチンに着いて四日後にアコンカグアの山頂に到達した。だがそれから、速さを目指したトレーニングによる悪影響で、記録を更新したその日に脳浮腫の症状が出てしまい、半分も下山していないところで脚のコントロールを失ってしまった。まるで脚がジェルになってしまったようだった。バランスを失い、何度も地面に倒れた。

それから三年間、ヒマラヤに行くと、低強度や高強度の運動、あるいは徐々に、または急激にトレーニングをするなどさまざまな方法を試した。そしてようやく、エベレストへの遠征に関しては、順化と高地でのパフォーマンスは完璧になった。

ぼくのトレーニング方法には危険があることはわかっている。それは自分の限界を知ることを目指したものだからだ。最悪の事態が起これば、何をしているかにもよるが、その限界の向こうへ足を踏み出して命を失うかもしれない。このやりかたは、最良のコンディションが整った日に目標に挑戦したり、記録を破るために、身体の調子をピークに持っていくこととは異なっている。そこには決定的な違いがある。

フォン＝ロムでの実験（誰にもお勧めしない）のとき、気絶したあとでそのまま食べずに走りつづけたら、何が起こったかはまったくわからない。またべつのとき、身体中が痛み、尿が炭よりも黒くなったとき水分補給をしなかったら、腎臓はひどく損なわれただろう。もちろん、極端な例だということは認めるけれど。

実験の目的は身体的なことだけではなかった。実験をすることで自信が生まれた。自分ができることをはっきりと知り、苦しみのなかで最大限身体の力を発揮することを学び、力が出なくなって気力もなくなったときでも、エネルギーの最後の一滴まで絞り出せるようになった。レースに勝つには速くなくてはならないが、それだけでは強い競技者にはなれない。身体の生理学的な限界を超えることは不可能だと知らなくてはならない。一方、できるかぎりの成果を挙げたいなら、精神的な準備やテクニック、使う装備の種類、戦略など、それ以外のもので武装する必要がある。身体には膨大な知識が備わっていて、まだ続けるかどうかを問う信号を送ってくる。気絶とか脚の痛み、幻覚、嘔吐といったものが警告の鐘を鳴らす。こうした最後の一線を越えるかどうかは、自分ひとりにかかっている。

そしてもうひとつ、心理的な限界もある。恐れだ。これは大事な旅の道連れで、ふたつの面を持っている。もしそれを無視すれば、心理的な障害を克服し、自分がどこまで行けるのかについて本当の意味で理解することができる。だがその声を聞きいれる方法を知らなければ、深淵に落ちることになるかもしれない。どちらのパートナーとダンスをするかは、その都度判断しなければならない。


ぼくは身体的なトレーニングが好きだ。長年のあいだ、理想の、最後はため息に終わる、はかない一瞬を求めてほとんどあらゆることを我慢しながら訓練してきた。それは地道に知識を獲得し、それをずっと保持できる知的な活動とは違っている。身体の訓練では、手に入れたものは自分のものにはならないし、長く保つこともできない。いつも同じ強度で、求める水準を保つためにトレーニングを続けなければならない。

多くのアスリートは子供のころから競技に出て優勝するためにトレーニングをするが、それを成し遂げられるのは選ばれた少数の者だけだ。ほとんどの場合は、大きく膨らんだエゴを持ち、不満が詰まったバックパックを担いで遠征する人間ができあがる。ぼくは、子供への指導は勝つことではなく、トレーニングを目標にするべきだと思う。それが一般的になれば、誰もがおいしいケーキの一切れのような、ちょっとした楽しみを味わうことができるようになるだろう。競技の結果は、その上に載ったチェリーにすぎない。ぼくは運よく、最初にマイテ・エルナンデスとジョルディ・カナルスにそう教わった。トレーニングは不可欠だが、競技はあってもなくてもかまわない。競技に出るべきときはいずれ来る。こうしたやりかたはぼくにとって、とても有益だった。それがわかったのは何年もあと、エベレストを登ったときだった。

マイテとジョルディはまた、一貫性と分析の大切さを教えてくれた。自分のパフォーマンスをすべてノートに取り、あとで分析してうまくいかなかった部分を洗い出すこと。そのためには、すべてを漏れなく集計しておかなければならない。トレーニングの時間と距離、どのくらい眠ったか——そして有効な睡眠が取れたか——といったことを。

ぼくは几帳面に、細かいことまですべてを、罫線が引かれたノートに書きだした。二週間ごとにマイテと一緒にそれを確認し、それからの二週間に何をすべきかを話しあった。彼女からは、あとで重要になるかもしれないので、どんな詳細についても漏らさずに正確にノートに記入することを教わった。

センターでトレーニングしていたある日、こんなことがあった。その日はとても暑く、いつもどおりぼくは飲みものを持っていなかった。何時間か動いて喉がからからに渇いたとき、マイテが水を差しだした。前のめりに容器をつかもうとすると、彼女はそれを急に遠ざけた。

「わたしが言ったことを何も学んでいないの？　もしわたしが風邪を引いていて、わたしが飲んでいたこの水をあなたが飲んだら、ウィルスや細菌もみな一緒に飲むことになるわ。そうしたら計画したトレーニングはどうなる？」

ひとりでトレーニングをするようになったときも、規則正しくすべてを記録しつづけた。二〇〇六年にはあらゆる記録をつけるエクセルのシートを作った。活動や体調の悪かった日、休憩に影響を及ぼす車や飛行機での移動、トレーニングに集中できなくなるイベント、普通でない、または心地よい感覚などすべてを記録するものだ。

こうしたデータのすべてを読みとることは複雑な仕事で、いつも現実をしっかり把握する必要があった。ノートにはできるかぎり正直に書かなければならなかった。そうでないと何年か先、ある週になぜよい結果を残せたかを知りたいと思ったとき、その記録から引きだしたあらゆる結論が疑わしくなってしまう。この文書を読むのは自分ひとりだとしても、誤った謙遜や過大評価という罠を避けるのは簡単ではないこともあった。

たとえば、ある日ぼくは書いている。

「2005年2月16日。起床時の脈拍は42。2時間30分の山岳スキー――2300メートル。ウォーミングアップ30分、マックスで15秒6セット、それから6分5セット、1分の休憩後に脈は180、1度目の休憩のときはうまく130まで下がった、3度目からは150未満に下がらず。午後ストレッチ。風邪」

また別の日はこうだ。

「２０１１年６月14日。朝：レ・ズッシュ、モンブラン（４時間７分）、少し疲れているが、まだ身体は動かせる。４２００メートルのスロープ。午後：ゆっくりとバイクで１時間30分、３００メートル、脚は重いが心臓の調子はいい。インタビューと遠出」

レースや目標に関しては、いまだにノートは重要だ。そこから、自分がしたことが役に立ったかどうかを知ることができるからだ。

「２０１３年８月14日。シエール・ジナル、32キロ、２時間34分15秒：脚は走りはじめからとても重い。心臓の感じはいいが脚はダメ。左のハムストリングスと右のふくらはぎに痛み。ペースが保てず、平地でスピード不足」

「２００８年８月30日。ＵＴＭＢ（ウルトラトレイル・デュ・モンブラン）、１６０キロ――累積標高１万メートル：20時間56分59秒（実際には19時間50分）、調子はいい。フリーでは単独で自分のペース。少し眠く、あまり食べなかった。シャンペ湖ではまた目が冴えてきて、走りも好調。その後、大会組織に１時間足止めを食らい、メルムの主張でフィニッシュしたが、とてもやる気を削がれ、残念で腹立たしい」

「２０１５年２月９日。ヴェルビエで山岳スキー世界選手権。１９２５メートル、１時間28分12秒。アップダウンでは好調、コントロールできた。新鮮な気分で元気。下りは落ち着いていた。絶好調」

ぼくが選手になったころとは違って、現在の世界で重要なのは、プロのランナーとしてできるだけ速くなることだけではない。トレーニングの苛酷さを周囲にアピールして信者を作れば、速くならなくてもいいらしい。以前は、人が見ていないところで努力して、自分に厳しく正直に、そのときのレベルにあった現実的な目標を立てることができた。数年後にレースで勝てるようにトレーニングを繰りかえし、身体が成熟するのを待つことができた。そうした時代には、自分に対する疑いがまるでなければ、高すぎる期待を持ってしまうこともあった。忍耐強く、勤勉に食料を蓄える寓話のアリのようにトレーニングをしなければ、不本意な結果に終わってしまっていた。

最近では、選手になったばかりのころに、プロの一流ランナーになって輝かしい世界の上位五パーセントに入るか、走る「インフルエンサー」になるかを選ばなくてはならない。真剣に競技をしないのであれば、トレーニングは装飾品になる。見た目やコミュニケーションのうえで人の気持ちに訴える魅力であったり、観客の心をつかむ可能性がどれだけあるかで自分の活動を選ばなくてはならない。たとえそれがアスリートとしての向上にはまるでつながらなくても……。もしこうした道を選ばないなら、行く手は長く、結果も保証されないということを知らなくてはならない。成功するにしても、それは何年ものハードワークのあとだし、すぐに満足を得られるわけではない。

これらはどちらも正当で、面白い生きかただ。重要なのは自分が求め、探しているものを知ることだ。これらふたつの生きかたはごく表面的な層こそ似かよっているかもしれないが、実際には夜と昼くらいちがっている。

一流ランナーになりたいなら、その途上で多くの不満を溜めながら、たいていは誰にも気づかれず、報いも少ないたくさんの努力をしなければならない。結局、そこから得られる最も価値あるものは、自分の素質を余すことなく引きだすことだろう。もしこれが十分な報酬だと思えないなら、いちばんいい選択は競技の世界から去ることだ。あなたは完璧を求めて困難な終わりのないトレーニングに人生を捧げることに意味があると思えないだろう。どうしてこれほど多くの怪我に苦しみ、厳しい食事制限をし、多くのものを奪われなければならないのか理解できないだろう。しかもそのあいだずっと、休暇を取ることもできない。毎日、毎時間、やるべきことで埋まっているからだ。しかもそれが一〇年以上も続く。

若いころから西洋社会の特権を放棄し、ケニアの高地イテンにある厳格なハイパフォーマンス・センターの部屋で、貧しく気晴らしもない生活を送るヨーロッパ人アスリートたちにも同じことがあてはまる。彼らはそこで、修道僧のような暮らしをしている。全員が、何かの競技でいつの日かスポットライトを浴び、目もくらむような観衆の前に立つことをずっと心に描いている。この夢を追うために払う代償は、それを達成することを目指して遠い僻地で何年もの時を捧げることだ。その年月は、たとえ計画どおりに行かなかったとしても戻ってはこない。

フォン＝ロムの修道院のことが心に浮かんでくる。そこは比喩的な意味で、ぼくにとってのイテンだった。大学の宿泊施設にされたその古い僧院では、部屋は質素でインターネットにも接続できない。携帯電話の電波もあまり届かないゲレンデの裾にあった。いまぼくは、現代世界のスピード、情報過多、刺激、馬鹿げた娯楽のことや、こうしたものが身体に及ぼす影響を避けたいときはいつも、キャンピングカーに乗って出発し、どこか人里離れた場所に隠れる。そこなら、もし人に会いたくなければ誰にも見つからない。数週間没頭し、アスリートの生活に欠かせない、食事とトレーニングだけを繰りかえし、そして眠るという理想的なサイクルを取りもどす。ほかのことは何もしない。

インターネット以前の社会では、まだ人生で長期的な結果を追い求めることは可能だった。だが今日では、確実に手に入るとはいえない長期的な目標を目指している人を見つけることはほとんど不可能になってしまった。生き残るためには、基本的な欲求を満たさなくてはならないからだ。人類の歴史を知らなければ、基本的な欲求はあまりに多いと考えてしまう。ぼくたちはいま、自給自足の過去の生活の記憶がまだ残っている時代に生きている。当時の人々は自分で食料を育てるか狩りをし、自分で家を建て、健康に生きる術を見つけていた。こうした時代にはお金はあまり必要なかった。だが、資本主義が無制限に行き渡った現代では、もうこうした生活をする余地はない。ぼくたちは毎日の基本的な生存に必要な費用と、喜びのために使う費用の区別をすることに慣れていない。こうした点から考えれば、山を走って登り降りするアスリートがしていることはオフィスや工場の労働者とあまり変わりがなく、同じ経済的な目標を目指している。だから、情熱を傾けることができる仕事がしたいのか、それとも自分を切り売りして、あまり好きではないけれどもよい収入が得られる仕事がしたいのかを決めなければならない。一六歳とか一七歳という、こうしたことを普通は考えることもない年齢で生きかたを選び、そのためにどれだけのお金が必要かを考えなければならない。それはひどいことだ。

はじめて世界チャンピオンになると、すぐにどこからともなくスポーツブランドの担当者が現れ、さまざまな製品を提供した。競技で勝ちつづけていたときは、同じ人々がトレーニングと競技のための資金を提供してくれた。論理的には、彼らはぼくを幸せにし、人生の経済的な面を解決することで重荷を取り去ってくれた。

時間が経つにつれ、そしてソーシャルネットワークの影響によって、こうしたすべてはがらりと変わった。最も重要なことは結果ではなくなったのだ。以前は、アスリートが競技で勝つと伝統的なメディアに登場し、レースの場にいたほかのランナーや観客に讃えられた。だが今日では、こうしたものだけでなく、〝コンテンツ作成〟とか、〝社会的コミュニケーション〟といったものが加わっている。

アスリートとして、ぼくはこれまでずっとプロジェクトを計画し、克服すべき課題を自分に課して、できるかぎりのパフォーマンスをするという目標だけを目指してきた。これはほかに何もできないぼくには合っていた。庭の植物を育てる方法も、狩りのしかたも知らないし、家の建てかたを聞かれても何も答えられない。ぼくには自分なりの生きかたしかできないが、そうした理想的な生きかたの外に出たいという好奇心もあった。ぼくは旅をし、世界を汚し、インターネットを使う。服はあまり好きではないけれど、寒さを防ぐための何かは必要だ。世捨て人になる勇気はないし、情熱を追い求めて生きていくのに必要な資金を得るために、ある程度なら自分を売ってもかまわない。そのぶん、食べて眠り、トレーニングするという純粋なルーティンからは少し離れることになる。動画やさまざまなメディアに出て人々と話したりといったことは、これまでもずっとやってきた。だが運よくいつも仕事をする相手は選ぶことができたし、価値観やプロジェクトを共有し、認めることができない会社と一緒にやらざるをえないこともなかった。たしかにいままでは必要以上の収入を得ているが、そのためにトレーニングやパフォーマンスの改善に差しさわるようなことがあれば活動に制限を設ける、ということははっきりと言える　負けてしまうような過ごしかたをした時間は、金では取り返せない。

キャリアのはじめからずっと、進歩を目指して終わりのない探究をしてきたが、自分がどんなランナーになりたいかということはいつも頭にあった。そしてこのことが、長期的にどんなトレーニングをしなければならないかを知るうえで欠かせなかった。

長距離ランナーになりたいか、山岳スキーヤーになりたいか。毎週競技に出ることを望むか。あるいは完璧なトレーニングをして、年に数度に絞って実力を発揮する選手のほうがいいか。まずは、自分がどんなランナーを最も尊敬しているかを考えなければならなかった。ケニアのエリウド・キプチョゲのように二時間強でマラソンを完走できるランナーか。それとも日本の川内優輝のように、かなりの高レベルを保って年に二〇以上のレースに参加するランナーか。総合的なパフォーマンスではキプチョゲだし、リカバリーを考えるなら川内だ。これは難しい問題だ。

ふたりはどちらもすばらしい。同じくらい刺激を与えてくれる。だが、ぼくはどうしたらいいのだろう。自分の潜在能力を出しきるようなパフォーマンスをするのが好きだが、それによってぼくの活動のほかの側面が悪影響を受けるのもあまりよくない。量を増やすために、どれくらい質を追求したいか。この問いには本当に頭を悩まされる。一方では、ピエラメンタやフュリのバーティカルキロメーター、一六〇キロのウルトラトレイル、ゼガマ・マラソンといった山岳スキーやスカイマラソンのレースで勝利を目指して戦いつづけたいし、そのうちどれかに集中するためにどれかに参加しないということはしたくない。だが他方で、現在のランナーは専門化が進んでいるという事実からは逃げられないから、ぼくがこのすべての領域で同時にトップでいられるかはわからない。だがそうはいっても、心はさまざまなものに自由に向かっているし、いまは昔ほど競技に興奮を覚えなくなっていることもたしかだ。ぼくは競技をトレーニングの一種のようにみなしている。そう、だがぼくはなんのためにトレーニングしているのだろう？　それに、王座を去ると宣言してほかの人に譲るというのはつらいものだ。その座はとても心地いい場所なのだ。

こうしたことを考えたあと、ぼくはまたルーティンに戻った。ある朝、いつものように起き、機械的にショーツとスニーカーを身につけ、一杯の水を飲んだ。日曜日のレースはあまり楽しみではなかった。三、四時間のトレーニングで身体をいじめる気分になれなかった。ヘッドフォンをつけ、「トレーニング」と名づけたプレイリストを選ぶ。好きなことをしていることや、美しい景色に囲まれて走れることを十分に意識していなかった自分に腹立たしくなった。音楽を意識しながら時間を過ごした。歌詞を意識してソパ・デ・カブラの曲を聴きながら、ジョギングを始めた。

怪我人たちの川
人々は孤独に走る
失敗を吐きだしながら

やる気が出ないまま、ゴールを目指さずに走りつづけた。その曲を聴いているとますます気分が沈んだ。まるで自分のことのようだ。

彼らは泣く
怒りと愛から
存在しないものの名を求めて

引きかえそう
あまりに遠くへ来てしまった
引きかえそう
だがもう遅すぎる

山頂で立ちどまった。計画では、毎年この時期にしているように三度速く登る予定だったが、もうそうする意味がわからなくなっていた。何かがおかしいことに気づいていた。かってはすべてがクリアに見えていたが、それは消えてしまった。ひとつの人生にはさまざまなものが含まれることはわかっているが、その時間が過ぎ去ってしまったのにそのままの生活を続けるのはぼくにとっては悲劇だった。

少しずつ脚を動かし、静かに山を降りたが、頭は高速でまわり、動きつづけていた。きついトレーニングを続けるだけのモチベーションを、何が与えてくれるだろう？　脚が力を取りもどし、速度を増した。ぼくは自分の始まりの場所に戻らなくてはならないと考えていた。トレーニングとか競技の意味を知るまえにぼくをつき動かしていたものを取りもどさなくてはならない。

エベレストへの準備

ぼくには登山を英雄的な行為とは考えられない。氷河が屹立し、落石の危険にさらされながら不可能と思える距離を登らなくてはならない高山の麓では、そこに登ることは超人的な身体能力と神のような勇気を必要とする偉業なのだと人に思わせるのはたやすいことだ。それは知っている。だが、がっかりさせることになるが、実際にはそうではない。登山とはただ、命を危険にさらして頂《いただき》に到達し、そのあと降りてくるというだけのことだ。どう考えても英雄的行為とはみなせない。これはただの愚行だ。

多くの登山者がそうではないふりをして、遠征を慈善のための基金や珍しい病気の啓蒙と結びつけようとしているが、ヒマラヤ山脈の高峰を登ることはまったく英雄的なことではない。実際のところ、それは利己的な振る舞いだ。危険で金のかかるレジャーだ。ぼくはいつも高い山に惹きつけられてきたが、古典的な遠征には魅力を感じなかった。ベースキャンプのテントで二、三カ月過ごし、数少ない最適な天候を待つというのは、ぼくには意味のない時間の無駄だと思えた。ベースキャンプでの生活を言葉で表すなら、退屈と怠惰だ。しかも身体のコンディションは悪くなり、モチベーションは雪の下に沈んでいく。ベースキャンプでの生活はまるで山の楽園に捕まり、テントのなかで何もせずにいる囚人になったようなものだ。灰色の石と白い粉の砂漠が作る海のなかで、乾燥した空気に囲まれ、青い空が広がっている。周囲には荒々しい山々がある。冷たい川がこの砂漠を横切り、うねりながら低地へと流れ、草やわずかな茂みを潤している。

その上流へ向かうと、斜面に石の塚がいくつもあり、ぼろぼろの毛布のようにでこぼこしている。さらに上には、巨大な氷河がわずかに見える。安定した風が白い山頂から、川と同じ経路で吹きおろしてくる。ある滞在のときは、斜面の端に小さなテントが四つと大きなテントがひとつ張られていて、どれも日に焼けて黄色くなっていた。大きいテントのなかには常設のキャンプ場のように椅子が四つあり、お茶が入った魔法瓶が置いてあった。風がテントの側面を打つ音から、ヘリコプターが登場する映画のワンシーンを想像した。プロペラが音を立てて近づき、それから離れていく。だがこのときは悪夢のように、音だけがずっと残っていた。

本は一冊しか持ってきていないし、それももう何度か読みかえしていた。ほかの本を家に置いてきたことを後悔していた。時計は一日に二回だけ鳴る。朝六時に集まって朝食をとるときと、夕方六時、もう一度集まって夕食をとるときだ。そのあいだは時間も、分も、秒もない、ただの時が永遠に続いていた。**退屈すぎる。**何か面白いものはないかと遠くに目をやる。もう最初の数日のように、鋭くせわしない視線ではない。いまは風で目が乾き、意識はもう、以前から登ろうと思っていて、はじめて姿が見えた山にしか反応しない。黒い犬がぼくと同じ目をして辺りをうろついている。雲の形が、ある秋の午後に家で見たまったく同じ雲を思いださせる。

到着後まもなく、ヴィヴィアン・ブルシェがコカコーラの缶を持ち、スイス・アーミーナイフで彫刻をしていた。ぼくはそれを見て笑ったが、数日後には銀色の巨大な彫刻がどんどん高く積みあがっていくのを何時間も眺めることになった。顔や、スキーのコースが描かれた簡単なものもあれば、クライマーが壁面を懸垂下降していて、ロープとハーネス〔安全のため胴を固定するベルト」、さらにはピッケルまで缶から削りだされている複雑なものもあった。彼が黙々と彫っているあいだ、ぼくたちは時間が経つのも忘れて眺めていた。

ヴィヴィアンが苦しみながら芸術的創造をしているのを見ているとき、服におかしな感触を覚えた。メリノウールの下着がすり切れていたのだ。到着したときは新品に近かったのに、わずか数日でほつれはじめていた。この遠征には、荷物を重量制限以下にすることを考えてセーターを数枚しか持って来ていなかった。そのときは気づいていなかったのだが、鉱物を多量に含んだ氷河の融解水で洗濯し、乾燥した空気のなかに吊っておくと、繊維が傷みやすいのだ。そのため股のところに穴が開いてしまっていた。

テントのなかで、ぼくはペンをつかみ、それを白い紙の上で武器のように構えた。アイデアは何もない。いや、ひとつだけあった。あらゆることがすでに書かれており、あらゆるものは模倣にすぎない。ぼくたちは何度も何度も同じことを繰りかえし、自ら狂気へと駆りたてている。新しいことを語るなんて不可能だ。ぼくは何年も旅行や遠征に持っていっていたノートのページをぱらぱらとめくった。登山靴や、より風に強いテント、軽量のピッケルのプロトタイプをスケッチしていた。自分でカレンダーに記したメモを読んだ。時間や日付、詳細な活動内容のほか、思いついたこと、どこかのキャンプで出会い、結局それきりになってしまった人の電話番号や連絡先などが書きこまれている。アラスカへ、マウント・マラソンで走るために遠征したときのページで手が止まった。走行距離はわずか五キロ。標高ゼロメートルのスワード市の中心部をスタートし、そのすぐ裏手にある標高一〇〇〇メートル弱の山を登って降りてくる。そこへの移動中には、これほど遠くまで、わずか四〇分ほどの短いレースをしに行く価値があるのだろうかと疑問を抱いていた。だが結局、これまでに走ったなかでも最も面白いレースのひとつになった。

かいた汗が顔をしたたり落ち、目に入って少し痛む。両手を膝に乗せ、もっと速く走るように両脚を駆りたてる。目を上げると、リッキー・ゲイツの尻がある。前方には黒いダートの急斜面があり、その先の山頂がコースの折り返し地点だ。息が切れて、膝に乗せた手ばかり見ている。なあリッキー、なんでそんなに急ぐんだい？　ちょっとは落ち着こうよ。だがぼくたちはスローダウンしない。そしてぼくが前に出ると、さらにペースを上げて彼を揺さぶる。荒い息をしながら走る。ふくらはぎの筋肉は、きっとぼくのことを好きになってくれないだろう。もう何年もずっといじめてきたし、いまはギターの弦のように張りつめている。ひと息ごとに眉毛と目の汗を手でぬぐう。この岩のあいだを全力で駆けおりるときは、しっかり目を開けている必要がある。山頂で、肺に大きく空気を吸いこむ時間を少しだけ取る。それからまた岩の連続だ。そしてフィニッシュラインに達する。倒れこんだりはしたくない。賑わいは夜どおし続く。ここの人たちは、アラスカにも法律はあるが、それははるか遠い場所で書かれたものだと言う。ぼくが暮らすヨーロッパでは、「トレイル」という略称で呼ばれるトレイルランニングは成功に酔いしれているけれど、ここではアラスカの新鮮な空気がイベント全体を貫いている。走って山を登り、降り、血を流す。それを強烈に祝う。それがすべて。

人が尊大な態度をとるとき、それは明らかに自分の仕事を守ること、その仕事が従う基準を永続させることが目的だ。将来の世代に対して、優秀な成果を挙げるにはこれまでと同じルールに従わなくてはならないと思いこませようとしているのだ。だがいまは朝四時半——いつも朝の四時半なのだ。チャールズ・ブコウスキーが言ったように。ぼくたちは自分の道に集中し、すべてを上手にやることとしか考えていない。競技への宗教的なまでの情熱と未知への恐怖を持ち、わき目も振らずに、両手を膝に当てて登っていく。ぼくたちは馬のレースを自分の足で走った人物や、八〇〇〇メートルを超える高峰を無酸素単独で登った人物、あるいはピトン〔壁面に打ちこんで確保の支点とするボルト〕やロープ、ハーネスを家に置いてきて、山とひとつになろうと思った人物が作ったルールに、何も考えずに従っている。ルールを破り、自分で作った人々のルールに。そろそろルールを破り、これまでに書いたページを消すときだ。ただインクは乾ききっているから、まっさらな紙にはならないだろう。経験というバックパックは役に立つツールキットだけれど、自由に飛ぶことを妨げる重しになってしまうことはとても多い。

ぼくは起き上がって外へ出て、近くの山へ登ろうとした。許可は得ていないし、戻ってきたときには疲れていて、征服するつもりの山頂へ到達する可能性が低くなってしまうかもしれない。だがぼくは我慢できなかったし、時間を無駄にしたくなかった。

山はぼくの故郷

ぼくが自分のものだと言える景観はひとつもない。「あれがぼくの家だ。北へ向かう山道と南の谷のあいだにある」と指さして言えるところはない。くつろぐことができる場所はたくさんあるが、そのどれも、完全に自分のものだとは考えられない。

ぼくはサルダーニャの、登山者やスキーヤー、旅行者が利用する山小屋で育った。放浪者になったのはたぶんそのせいだ。幼いころからすでに、本当は誰のものでもない場所に住んでいたのだから。

「故郷」というのは、建物であれ地域や町、市、国であれ、たいてい実在する場所と結びつけられている。壁に囲まれた部屋を思い浮かべることもあるだろう。故郷とは、そこに戻ってくると清潔な服や炒めた料理、あるいは小麦畑の匂いがする場所だ。毎晩、窓の外へ漏れて懐かしい影を浮かびあがらせる光だ。朝目を覚まし、明かりをつけなくても歩きまわれる場所だ。ところがぼくにとっては、そう感じる場所はいくつにも分かれている。ぼくの故郷はいくつかの心地よい場所の集合体だ。ぼくはサルダーニャを歩いていてふと故郷にいると感じることもあるが、その幻想はすぐに消えてしまう。シャモニに戻ると秋の匂いに歓迎され、故郷にいると感じる。だがその魔法はすぐに解けてしまう。ネパールでもときどき、故郷のリラックスした感覚に包まれることがある。知らない国で自分の居場所だと感じることもあるし、自分が手に入れ、作った家でもまったくの異邦人のように思えることがある。

たぶん故郷とは、愛する人々と過ごす時間を指すのだろう。故郷には笑いがある。故郷には愛が、孤独の心地よさがあり、そこでは誰にも見られる心配をせずに声を上げて泣くことができる。ぼくが世界のなかに自分で作った小さな居場所には、ひとつ共通する特徴がある。どれも山のなかにあるということだ。

ぼくの苦しみはすべて、故郷を離れることから生まれる。レースは人や騒音が多い都市のようだ。しだいにそこにいることに慣れてはきたが、そこでのぼくは異邦人だ。

ぼくはひとりでいると、いつも心が穏やかになる。ぼくにとって三人は群衆のようなものだ。家族といるときも友人といるときも、いつも片方の足はそこにいるが、もう一方の足は外へ出ている。気楽になれるのはわずかなあいだ、それもときどきだけだ。これほどに人同士がつながりあった世界で、ぼくはどんな仲間にも属していると思ったことがない。

幼いころは、大人になったら山のなかの辺鄙《へんぴ》な、隔絶された場所に住みたかった。人里まで最低でも一時間はかかるような。そこでの暮らしを思い描いていた。眠るためのひと部屋、スポーツ用品を置くためにもうひと部屋、テーブルが置かれたキッチン。自然に囲まれているのだから、トイレを作って人目を避ける必要はないだろう。壮大な景色を眺めながら仕事をする。白いタイル張りの壁よりずっと気持ちが高まるはずだ。

二〇一〇年代の多くを過ごしたシャモニでの現実は、子供のころの夢とはまるで違っていた。規模は小さく、多様な人々が集まっていたため、人々は似たもの同士でグループを作り、そのあいだに階層ができていた。ぼくはひとりでに「ウルトラトレイラー」というカテゴリーに入れられていた。その特典を利用したことはないけれど、貼られたレッテルをわざわざ自分から剝がそうともしなかった。山での活動に飢えていたから、スポンサーや記者からぜひにと誘われたときのほかは、バーやレストランなど、人々が集まって会話し、選ばれた集団への所属を確認する場所には足を踏みいれなかった。話しかたや服装、行きつけの場所はグループごとに異なっていた。

二〇一〇年にシャモニに移り住んだのは、ぼくにとって神話的な場所だったからだ。幼いころから、すでにそこの物語をたくさん読んでいた。僻地などとは思わなかった。むしろアルプスの中腹にあって交通の便がよかった。ぼくにとっては、冒険もできるし登山の世界で進歩できる象徴的な場所だった。山とのつながりを取りもどすには完璧だった。

ぼくは一〇代のころはじめてモンブランに登ったが、山頂へ到達したという満足感は小さく、達成するための努力は報われなかった。ひどい体験だった。初日はひどく硬いブーツを履き、荷物を詰めすぎたバックパックを背負って山小屋まで登り、十数人の登山者のトラクターのようないびきのなかで眠ろうとした。真夜中過ぎに出発したときは凍えるような寒さで、おまけにグループの誰かが疲れたり、飲み食いしたり、写真を撮ろうとするたびに立ちどまらなければならなかった。夜明けに登頂した。下りはさらに悪かった。暑く、足がブーツのなかで痛み、おまけに背中も痛かった。ただ山に登って降りてきただけなのに、まるで戦争から戻った兵士のようだった。

そのころ、母と妹と一緒にフランスアルプス南部のエクラン国立公園を何度か訪れた。滞在している場所をベースキャンプにして、サイクリングやランニング、登山などをした。ぼくは当時の最も強力なランナーのひとりが同じキャンプ場から標高四〇〇〇メートルのドーム・ド・ネージュまで新記録となる三時間で登ったと知った。一六歳でほとんど経験もなかったが、この情報を聞いたとき、いつかもっと速く登ろうという気持ちが湧いてきた。

エクランに何度か行っているうちに、自分が登りたい山の種類がわかってきた。登るのが難しい山は、速く登れないため魅力を感じなかった。古典的な登山はあまりに大変に思えた。レースと山岳スキーはどちらも好きだが、発見や冒険の精神が感じられないのは残念だった。だが、テクニックが必要な場所でさまざまな動きを連続してこなすことは、ほかでは味わえない大きな喜びを与えてくれた。フランス人登山家のジョルジュ・リヴァノスは、大切なのは速く登ることではなく長く登ることだと言っている。この言葉の後半部分には賛成だけれど、もしも速く、しかも長い時間をかけて登ることができれば、はるかにすばらしいものが見られるだろう。山を高速で縦走することに惹かれたのは、身体の動きと自然の形態がたがいに働きかけることで、身を守るものもなくちっぽけで、制約もないように感じられるためだった。ほかの方法による登山では感じることのできない自由とつながりを与えてくれた。同時に、何か決定をするとき、意識してリスクを取ることと愚かな行為の差は紙一重だ。ぼくは、ときどきその境界をまたいでしまう。

そのことについて話そう。

日は暮れかけ、雪が強く降っていた。強烈な吹雪で雷も落ちていた。エミリーとぼくはエギーユ・デュ・ミディの山頂まで五〇メートルのところにいた。もうすぐ指先で触れることができそうな距離だ。だが石の壁に阻まれて、それ以上進めなかった。エミリーはしばらくキえから足の感覚を失い、腕は固くなっていた。寒さで筋肉が収縮し、手を開くこともできない。呼吸をしながらすすり泣いていた。もうここが限界、だんだん息が苦しくなってきた、とエミリーは言った。わたしはここで死ぬのよ、と。そうはならない、ぼくたちは生き残るとわかっていたが、不安の発作に襲われ、吹雪のなかで雷に遭い、日も落ち、動けなくなった状況で冷静さを保つことは難しいのはわかっていた。そう、ぼくはミスをしたのだ。ひどい失敗だった。

ぼくは彼女の顔に両手で触れ、鼻と口をふさいで空気の流れを制限した。指のあいだをすり抜ける空気が感じられ、彼女は肺でそれを吸いこんだ。しだいに息は長く、落ち着いていき、ようやくリズムを取りもどした。だが彼女は手足に痛みがあり、進むことはできなかった。ここまで登ってきた一〇〇〇メートルほどを降りるのに、ロープはわずか数メートルしか残っていなかった。

エミリーを連れていったのは大きな誤りだった。天候が悪化することはわかっていた。だから吹雪が去るまで数週間待たなくてもいいように、天候が持ちこたえているうちにできるだけ早く出発し、急いで登ることにした。

その朝はゆっくりと出発した。早起きする必要はなかった。登りはじめるまえに、最後に天候をチェックした。南からの前線が夜遅くに来るようだった。それなら山頂まで登って渓谷に戻ってくるだけの時間はある。

コンディションは最適だった。まえの週に暖かく晴れていたおかげで岩は乾いていてとても滑りにくく、いいペースで三分の二まで登った。氷や雪はまったくなかった。ところが最後の部分にさしかかると状況は一変した。太陽が岩を乾かしていた。黒く古く、なかに含む花崗岩と同じくらい硬い万年氷を覆う雪は溶けていた。そのため高度な技術が必要で、滑り落ちないようにクランポン〔靴底に装着する滑りどめ用の器具、アイゼン〕をはめなくてはならなかった。最初から、夏に苛酷なレースを数多くこなしていたエミリーは足に痛みを感じていた。ロープを限界まできつく張り、登りはじめたときには自信を持っていた。動くたびに痛むのでこまめに休んでは、数メートルずつ岩を登っていった。

あまり時間を浪費したわけではないが、悪天候がすぐに追いついてきた。氷の上を避けて岩を登っていき、少しずつ登りつづけたが、ついに嵐がやってきた。雹《ひょう》と雷でパニックになり、窮地に陥った。穏やかになるだろうと思って避難してしばらく様子を見たが、どう見ても穏やかには、なりそうもなかった。温かい服装ではなかったから、待っているうちに寒さが骨にまで染みこんだ。ぼくは慎重に登っていったが、足の痛みでエミリーはそれ以上登れなくなってしまった。与えられた選択肢を検討した。ぼくたちは不安で震えている。くそっ！　ぼくはなんでこんなに愚かなんだ？　ぼくが残りの五〇メートルを登り、ロープでエミリーを引きあげることもできるかもしれないが、ホイスト〔運搬に使う小型の巻き上げ装置〕の装備を持って来ていない。岩の下で身を守り、明日まで待つこともできるが、ビバークするとき身を包むものを持っていないし、エミリーがぼくの指示で持ってきたわずかな装備ではおそらくひと晩保《も》たない。そのときぼくは決断した。携帯電話を取りだして、フランスアルプスで遭難者を救助している国家憲兵隊山岳小隊（PGHM）にかけた。そうしながら、この電話のあと何が起こるかを考えていた。

ぼくがあまりに軽い装備で出かけることをいつも批判しているシャモニの人々は今回もうるさいだろうと思ったが、彼らはあくまで建設的だった。山にはたくさんの危険があり、体力があっても知識や準備の代わりにはならないことをぼくのフォロワーに対して語りかけた。結局、批判によって傷ついたのはぼくのエゴだけだった。ぼくは自分の失敗に向きあわなくてはならなかった。第一に持っていくものについての計算ミスだ。たとえ見たこともない苛酷な状況を切り抜ける力があったとしても、ひどいことが起こりうる。第二に、探検は身の安全よりも大事なものだというぼくの見解をエミリーも共有していると思っていたことだ。あのような状況に陥ったときに彼女の気持ちが乱れるということを想定していなかった。その点で、ぼくたちは違っていた。

エミリーがぼくよりも賢明だということはこれまでに疑ったことはない。彼女は目標よりも安全を優先している。ぼくよりはるかに早く断念することができる。ぼくはといえば、困難な状況だとわかっていても、危険な一線をためらわずに越えてしまう。あのときは、もっと早く中止の判断をして、帰るべきだった。ひとりで登っているときのような判断をすべきではなかった。氷壁に入るまえにやめるべきだった。もう楽しさはなくなっていたし、あれほど苦しむ必要はなかった。

タンクレド・メレと会ったのはシャモニに近いル・ブレヴァン展望台、標高二〇〇〇メートルのところだった。彼は友人たちと三〇メートル以上離れた壁面のあいだの高い位置にロープをつないでいた。曲芸師や登山家、クライマー、ミュージシャンなど、かなりの人数が集まっていた。ぼくらはスラックラインと呼ばれる、ロープの上を端から端まで歩くゲームをしていた。バランスと集中力の必要な運動で、ロープの揺れを身体や腕のバランスで補わなくてはならない。標高の高い壁面でやるほうが、公園で二本の木にロープを張るよりもはるかに面白い。何もない空間にいる感覚が味わえるからだ。ル・ブレヴァンではバランスを崩したときのためにハーネスをつけたが、完全に何もない場所にいる感覚に包まれていた。ぼくたちは落ちたくないという気持ちに心をつかまれ、教わったバランスのとりかたをすべて忘れてしまい、簡単に落下した。

クライミングやエクストリームスキーなど、絶対に失敗が許されない行為をしているときには、空や地面から決して目を離さないから、何もない感覚を味わうことはない。だがスラックラインでは、周囲は空だけになる。ぼくはそのロープを数回歩こうとしたが、ほんの数歩しか進めなかった。するとタンクレドは辛抱強く、頭を空《から》にすることや正しい姿勢を教えてくれた。ある日、彼は何も言わずに自分のハーネスをはずし、それを地面に置いてロープの上を歩きはじめた。三〇メートルほどを渡って反対側まで到達し、くるりと向きを変えるとまた歩いて戻ってきた。完全な静寂に包まれていた。音は完全に消えた。ミュージシャンたちは楽器を下に置き、クライマーたちは動きを止めた。ぼくたちは黙って彼を見ていた。ほぼ真横から、他人には見せることのない私的な空間にうっかり入ってしまったような気持ちで眺めていた。

彼はスポーツに、芸術のように、そして競技の美と周囲の自然の共生を生みだすように取り組んでいた。ピエロの扮装をしていたり、パラシュートをつけたり、二本の尖塔に張られたロープをヴァイオリンを弾きながら渡ったり、標高三〇〇〇メートルの氷河やノルウェーのフィヨルドにいるのも珍しいことではなかった。彼は自分の芸術をやりきろうとしていたのだ。身体を鍛え、食事はぎりぎりまで削り、すべての筋肉がなぜ必要なのかを知っていた。計画する活動や体重、空気の力、重力加速度、落下の距離、体表面による滑空比などをすべて科学的観点から調べ、精神的に準備をしていた。あらゆることを学び、自分の能力に対する鋭い自覚があった。それでも、知ることと行うことには大きな違いがある。彼はぼくの知る最高の人物のひとりだった。落下の恐怖を覚えつつも、自分で決めた限界を打ち破り、重要な真実だけを見わける方法を知っていた。

彼は自分の身体に想像を絶する行為を〝徹底的に〟やらせていた。タンクレドは間違いなく、とことんやらないと気が済まない人間だった。

登山家のなかには、ストップウォッチばかり気にしているからと、ほかの山岳スポーツを見下す者もいる。彼らにとって山登りはきわめてロマンティックなもので、スポーツとは関係がない。レースでタイムを競うという発想は彼らを怒りの発作に駆りたてる。

一方、登山は登頂に成功したか失敗したか、道具を使ったか使わなかったか、イエスかノーか、成功か失敗かという二分法に基づくものであるため、つねに結果が極端に重視される。ほかのスポーツ同様、判定基準を確定するためにはなんらかの指標が必要になる。競技のガイドラインは平等に適用されなければならない。自分が山頂に誰よりも早く到達したと知って、大きな満足感と心からの喜びを感じないような登山家がいるだろうか？　ぼくはいないと思う。

ストップウォッチは、いつも隣にいて、うまくいっている、力を出し尽くしていると伝えてくれる伴走者だ。タイムは究極の目標ではないが、この小さなデバイスは進歩しているか後退しているか、調子がいいかどうか、うまく問題を解決できているかどうかをそっと教えてくれる。ストップウォッチは嘘をつかない。

ランニング、登山、クライミングという異なるスポーツのなかにも、共通する境界、基準タイムがある。二時間の壁だ。そう、これは絶対的ではない恣意的な数字だけれど、ランナーや登山者、クライマーはみな頭に焼きつけている。

ランニングでは、マラソンがすべての競技の女王だ。ここ数年、トップランナーたちは42・195キロを二時間以内で完走することに挑んでいる。このとてつもない数字を達成するための努力が盛んに行われており、要因をどのように組み合わせれば達成の可能性が高まるかが詳細に調査されている。驚異的な身体能力を持つ若いアスリートが探しだされ、各選手に合わせた、長距離走に適したプログラムで育成されている。レース前やレース中の理想的な食事と水分補給が研究されている。ランナーが無駄にするエネルギーを最小化する特別なスニーカーが設計されている。生体力学や効率的なペース、さらには理想的な気温や湿度まで考慮されている。あらゆる点を満たすべく数年間取り組みが続けられ、エリウド・キプチョゲは二〇一九年にこの二時間の壁を破った。

登山では、アルプスのアイガー北壁が基準となる。一九三八年、ドイツの登山家アンデール・ヘックマイヤー、ハインリヒ・ハラー、フリッツ・カスパレク、ルートヴィヒ・フェルクの四人は困難に打ち克ち、三日間かけて高さ一五〇〇メートルの壁面を登った。そのときからいまに至るまで、その壁は登山者にとって究極の困難でありつづけている。一流の登山者たちがパーティを組んでロープを使い、あるいは単独で、困難な新ルートを開拓して自らの能力を試してきた。ひとつでもミスをすれば命の危険があるため、こうした登山にはかなりのリスクが伴うが、登山者たちは新しいトレーニング方法や装備、戦略でアイガー北壁に挑んできた。さらに、新たな技術や身体的な限界だけでなく、困難な状況で的確な行動をするという面でも進歩した。年月とともに、登頂タイムは短縮されていった。ミシェル・ダルベレイは単独ではじめて、一八時間で登頂した。ラインホルト・メスナーとペーター・ハーベラーは一〇時間で登った。ウエリ・ビューラー、フランチェク・クネズ、トーマス・ブーベンドルファーらが記録を更新していき、五時間を切った。近年ではクリストフ・ハインツ、ダニ・アーノルド、ウーリー・ステックが二時間半以内で登頂している。二時間がどんどん近づいている。その接近とともに、リスクもさらに大きくなっている。

そして三つめは、カリフォルニア州ヨセミテ渓谷の高さ八八〇メートルのエル・キャピタンの最も有名なルート〝ノーズ〟だ。はじめに、アメリカ人のウェイン・メリーとジョージ・ウィットモアらが、なんと四七日間かけて完登した。それからエル・キャピタンを一日で登ることが目標になった。それはいまも多くの人にとっては実現不能な夢のままだが……。一九七五年に、ジム・ブリッドウェル、ジョン・ロング、ビリー・ウェストベイという史上最も創造性豊かな三人のクライマーによって二四時間以内の登頂が成し遂げられた。あとに続く人々は、技術を磨き、器具を最適化して、さらにタイムを縮めていった。スピードによるリスクはアイガーほどではなく、身体能力はマラソンほど決定的な要因ではないが、それを達成するにはスピードと耐久力が鍵となり、ロジスティクスの最適化と、一〇〇〇メートル近い登攀でのあらゆる動きを想像する能力も欠かせない。ロープで結ばれた何組ものチームが何年にもわたって二時間切りに挑んだのちにようやく、数カ月をトレーニングに費やし、何十回もルートを確認して挑んだアレックス・オノルドとトミー・コールドウェルが達成した。

これら三つの例はたがいに似たところはない。毎年一〇〇万人ほどの人々がマラソンを走り、そのうちおそらく一〇〇〇人ほどが勝負を競いあう。ノーズを登るのは二〇〇人ほどで、アイガー北壁を登るのは一〇〇人にも満たない。危険という面でも比べものにならない。

しかし、この三つは非常に重要なひとつの要因を共有している。これらの分野ではいずれも、アスリートがタイムという恣意的なものを達成することをモチベーションにしており、そのためには勝つために自分に欠けている内面的、あるいは外面的な能力を見つけださなければならないという点だ。この目標を見すえ、彼らは才能ある者に何ができるかを示そうと極度にきつい練習や規律によって準備する。そうした追求は、ぼくたち全員への贈り物でもある。それはぼくたちが日々の仕事にモチベーションを見つけるためのツールになる。

山では、記録というものは相対的で、同じ頂に登ったものであってもふたつのタイムを比較することは不可能だ。たとえば陸上競技では、記録は（風や地形など）一定のコンディションや、（ドーピング検査やすべての選手に対して同じ補助や設備が与えられるなど）機会の平等性に疑念を差しはさむ余地のない条件が保証されるトラックや競技場で出されなければならない。だが山ではこれは不可能だ。コンディションは毎日変わるし、誰もが異なった方法で登る。だからこの分野では記録について語ることはできない。その代わり、パフォーマンスは〝知りうるなかで最速のタイム《ファステスト・ノウン・タイム》〟で計測される。いずれにしても、比較は個人的なものであるべきだと思う。それによって自分を知り、困難や距離、コンディションを頭に入れてその土地を速く走るにはどうすればいいかを知ることができる。そのルートを知り尽くしたランナーとはじめてそこを走るランナーのタイムを同一視することも、（クライマーのチームや酸素タンク、クライミングロープなどの）補助なしで走るランナーとチームや物資のサポートを受けるランナーを比較することもできない。

　ジャーナリストは達成された記録の価値を強調するが、結局、スピードよりもアスリートが心のなかで自分のパフォーマンスをどう評価するかのほうが大切なことだ。これは自分のトレーニングや準備、そのタイムを達成した状況への評価とも関連している。

　タイム改善には四つの要因がある。第一に身体能力やテクニック、レースの進めかた、経験、戦略といった個人のパフォーマンス。第二にルートの最適化、言い換えると、難しい部分やそこでの動き、あるいは避けかたを知っているかどうか。第三にコンディション。冬の悪天候のもとで行うのと、夏の晴れた日に行うのとは同じではない。第四は倫理的な問題だ。たとえば補助をつけるかどうか、単独かグループか、利用する装備の種類、あるいは機械的なものであれ身体的なものであれ、ドーピングをするかどうかといった問いも含まれる。

　アイガーでのウーリー・ステックはよい例だ。彼はルートを完璧に知っており、念入りな準備をして、ラインにはしるしをつけ、数カ所の裂け目には二本の固定ロープを張った状態で、二時間二二分で完登した。また少し速度を落として、山にガイドとなるしるしをつけず、すべてフリークライミングで（つまりロープに手をつけずに）、二時間四七分で登ったこともある。このふたつのうち、どちらがいい記録なのだろう。もちろん、最も短い時間で完遂されたクライミングのほうが世間の注目を集めることはたしかだが、おそらくもう一方のほうが身体の動きや労力を考えれば達成は難しいだろう。いずれにせよ、どちらのタイムも同じように興味深い。それらは状況が違えば結果も異なるということを明らかにしてくれるし、タイムとは重要な唯一のものなどではなく、要因のひとつひとつが決定的な役割を果たす方程式から割りだされた、ひとつの結果にすぎないということをいつも意識させてくれるからだ。

ぼくはラウマへ降りていく谷間の道を車で進んでいた。シャモニを出発してもう二〇時間以上ノンストップで運転している。キャンピングカーにはぼくとエミリーの持ちものすべてが積んであった。これから一緒に暮らす場所にできるだけ早く着こうと、ぼくは眠さで重たくなった目で何時間も運転していた。広い峡谷を通っているとき、夜が明けていった。道路脇には一〇〇〇メートル以上の岩壁がせり上がっている。まだその手触りがわかるほど明るくはないが、果てしない黒い岩の尾根が先へと急がせ、冷たい滝が谷に落ちているのが見える。まるで人のいない世界へやってきたようだ。暗くなめらかな垂直の岩壁がたがいに寄っていて、遠くからでは見わけられない。眠気を振りはらいながら運転を続けていくと、微《かす》かな光に照らされてようやく見えた。うっすらと雪のラインが岩壁の真ん中をまっすぐに水のように下がっている。そのラインはぼくを呼んだ。そのときのぼくは、ただ震えただけだった。それでもいつか、その呼び声を拒めなくなることはわかっていた。

それから三年、ぼくはときどきそのラインを盗み見て、そのメロディを奏でるような美しさにうっとりしていた。起きているのに夢を見ているように、その声が聞こえてくるように感じることもあった。遠く離れた山頂から観察したり、岩壁の下で手に触れてみたりした。やがてそのラインに寄り添い、声を合わせて歌う日が来るだろう。

ラウマ川が切り拓いたロムスダール峡谷を通るときに魅了されたそのラインを、ぼくは長いあいだ眺めていた。さまざまな角度からそれを調べた――壁の下や頂から、周囲の山頂から――そしてどの部分はスキーで滑れるか、どの露出した岩や氷は迂回しなければならないかを考えた。それから二年間、ときどき壁面に張りついた雪の状態を調べた。しっかりと密着しているとき、寒すぎるとき、あるいは山の高い部分と低い部分の両方が良好に見えるとき。トレーニングが終わったあとでたまに、壁面がよく見える場所に寄り道をして双眼鏡で見たり、あとで調べるためにズームレンズで写真を撮ったりした。どう滑り、どんな装備が必要で、どんな困難に見舞われるだろうかと考えた。こうやって調査をするのは、計画をしながら目を閉じて頭のなかであらゆる細部を想像することになるため、実際に滑るのと同じくらい面白かった。顔や手にはまるで実際に寒さや痛みを感じるようで、スキーを空中で回転させるのを想像すると背筋が震えた。すべてうまくいかない場合も想像した。雪崩や、雪の下に埋まった氷で足を滑らせること、ターンでの失敗。身体的な不安のため、実行するのは何度か先送りにした。リスクや重圧に耐えられるか自信が持てずに中止したこともあったし、出発の当日になって身体中に奇妙な症状が出たこともあった。ようやく実行したときは、あらゆるリスクを調べ尽くしていた。

ノルウェーでの三度目の冬、ぼくの好きな風が吹いていた。恵まれた冬で、雪は多かったが、一度の積雪量はあまり多くなく、降ったあとは長く太陽に照らされて雪が壁面にしっかりと固定された。いちばんの問題はトロールの壁の右手にあるラインで、それはトロールの壁を含む山の北面、「フィヴァ」と呼ばれる壁面の最初のクライミングルートを横切っている。ほぼ海水面近くまで達する一六〇〇メートルの垂直な壁では、場所によって状況が異なる。下の六〇〇メートルでは雪は気温の変化や湿度の影響を受けているが、上の部分は高山のような環境だ

過去数週間のあいだに壁の下に何度か足を運び、感覚を実際に知るために二〇〇メートルほど登ってみたこともあった。雪は理想よりも固かったが、スキーで辿るラインはほぼ雪で覆われており、コンディションは完璧に近かったし、上のほうのルートも危険な積もりかたではなさそうだった。

プロジェクト実行前でいちばん嫌なときがやってきた。待ちながら日を選ぶのだ。今日か、明日か、来週か。理想的な状況を待っていたらソファから腰を上げることはできない。急斜面での

スキーでは、固い雪が最高だ。失敗は許されないが、粉雪よりも安定しているためだ。粉雪だと正確さはそれほど求められないが、予想外の雪崩に見舞われることもある。こうしたスキーでは、滑っていく自分の動きと、壁に張りついた雪のバランスが鍵になる。

その日は来た。いつでも、いちばん難しいのは最初のターンだ。それは最も危険だからではなく、未知へと一歩踏みだすためらいのせいだ。胸のうちで心臓は高鳴り、みぞおちには嫌な感じがある。足と手には汗をかいている。ストックをスキー板の下の雪面に当て、雪の感触をたしかめる。その白さを確認し、ストックの先を前方のターンするあたりに動かし、雪の下に隠れているものを推測しようとする。スキー板を前後にすばやく滑らせ、数センチ身体を前にずらす。スキーの先のほうに体重を乗せ、弾みをつける。強く。できるだけ息を吸いこんで、吐きかけて途中でやめる。心臓は止まり、呼吸は止まり、ぼくは宙に浮き、永遠に動きを止める。ふいにスキーがふたたび雪に触れる。そして柔らかく滑り、スピードを増し、六〇度の斜面をとらえる。脚を使うと、雪に接したスキーがワープしているように感じられる。はじめは優しく、しだいに弾みがつき、スキーは雪をかき分けていく。それから少しずつ、的確な角度でターンして着地し、ターンしはじめたところから数メートル下で鋭い動きとともに停止する。興奮と恐れ、喜びとためらいの交じったものが静脈を流れていく。それらを引き連れてターンを繰りかえし、登ってきたときにつけた足跡をたどって下降する。雪のなかに点在する氷と岩の塊を避けて滑る。これから数時間、全力でそれを続けなければならない。トレーニングと技術のすべてを出しきり、一メートル進むごとにためらいは快感へと、恐れは喜びへと変わっていく。ついに下まで着いたとき、ぼくは振りかえって、スキー板が雪の壁に残した跡を見上げた。そのときあらゆる感情が脚から腹までこみあげてきた。そして胸へ。頭へ。アドレナリンがもたらす本物の絶頂感だ。

山を登るスタイルに──それに方法にも──最高のものと最低のものがあるとは思わない。最も純粋な方法は、自然界に生きる種としての限界のため、おそらく不可能だ。おそらくは史上最も活発に活動していたソロ・クライマーのひとりマイケル・リアドンは、真のクライミングとみなせるのは、ルートもわからないまま、裸足で、チョークもロープも持たずに出発した場合だけで、それ以外のすべては妥協だと語っている。そしてぼくたちはひとり残らず、この妥協を生きている。倫理とは自分に課し、自分が行う行為に適用されるものだが、それは個人的な倫理に合致したもので、他者に課すものではない。レースでは全員に同じ義務が課され、判定や審判、問題がないかどうかのテストが必要であるのに対し、山岳への遠征では、判断は心のなかで、個人的に行われる。

ぼくが行ったスピード登山のなかで、完全に最適な条件でできたといえるのはただひとつ、モンテ・チェルヴィーノ〔スイス側の呼び名はマッターホルン〕だけだ。それは子供のころにこの山のポスターを部屋中に貼っていたからかもしれないし、あるいはそれまでのブルーノ・ブルノの最速登頂記録（三時間一四分）が夢のような記録で、達成はできないと思っていたからかもしれない。ぼくはやる気十分で、忍耐強く準備をしてこの登山に臨んだ。

二〇一三年八月一日、キャンピングカーに乗ってチェルヴィーノに向かい、麓のアオスタ渓谷の斜面に落ち着いた。登る日はとくに決めていなかったし、ほかのプロジェクトを進めるまえに絶対にやらなければという重圧もなかった。二週間のあいだ、ほぼ毎日どんなコンディションでも頂まで登り、山や、一時間ごとに照らす太陽が岩にどのような影響を与えるかについて知り、ルートをたどるときの動きのひとつひとつを身体に覚えさせた。この山を故郷だと感じ、自分はその一部だと思えるくらい知り尽くしたかった。

毎朝起きると車の窓から山を眺めて食事しながら、雪や岩のコンディションが変化していないか観察した。それと同時に、身体の準備がひとりでに整っていくのを感じていた。この期間には山の北側で行われるシエール・ジナルに参加したが、そのレース前夜にも山頂へ登った。競技の結果や将来のプロジェクトのことなど考えていなかった。頭にあったのはできるかぎりの準備をし、理想的なコンディションを待つことだけだった。

八月二一日、身体と山のコンディションが整ったのを感じた。数日間雨も雪もなく、岩は乾き、暖かい天気に恵まれ、そして過去二週間に九回登っていたので、ルートは完全に頭に入り、身体的にも精神的にも準備はできていた。山で誰かに会わないように、そして前夜に凍った氷が解けて岩のグリップがよくなるように午後まで待った。三時の鐘が鳴ると、鐘塔のもとを出発し、一歩ずつ登り、そして降りてきて、タイムは予定どおりの二時間五二分だった。

　残念ながら、最速での登頂を目指したほかの山に関しては同じようには言えない。同じだけの準備はできなかったし、同じだけの努力もしなかった。いつもできるかぎりのことはして、最善のコンディションを求めてきたが、計画した日数を超えてまで最適な日を待つだけの忍耐はなかった。〝自分のもの〟と感じられるくらいルートを攻略したこともなかったし、身体と精神のコンディションを一〇〇パーセントにするだけの厳しさもなかった。もちろん、だからといって誇りに思っていないわけではない。だがチェルヴィーノでは、自分の能力が許すかぎり速く山頂に達するための用具の使いかたを身につけた。ほかの山では、準備や、細部のレベルを上げるためにそれだけの時間をかけることはなかった。ぼくはデナリで体調が悪いときも登ったように、コンディションがよくなくても速く登ることができるようになった。補助なしで、状態がよくなくても、身体が思いどおりにならないときにもどれだけできるかがわかった。すべての登山で、ぼくは自分をより深く知り、状況も準備の度合いも異なるなか、どれだけ速く進むことができるかを知った。

　ぼくはとてもせっかちだ。それがよいことなのかどうかはわからない。細かい部分まできちんとする人々のやりかたは称賛するが、すばらしい記録を打ちたてたり勝利を得るために、一年間それ以外の何もせずに打ちこまなくてはならないとしたら、ぼく自身はその犠牲を払うことはないだろう。たとえば二〇一五年七月の二週間は、ぼくにとっては完璧だった。モンモディのエクストリームスキー〔高山の頂上から、スキーで急斜面を滑降すること〕から始めて、数日間活動しつづけ、グランド・ジョラスまで達した。そのあと、シャモニのバーティカルキロメーター〔距離が五キロ未満で標高差一〇〇〇メートルを超えるコースを駆けあがるレース〕に出場し、その晩はスポンサーとの撮影会に参加して、翌朝、ぼくがマテオ・ジャックムーとともに二年前に立てたモンブランの最速登頂記録を破るチャレンジをしたカール・エグロフに付き添った。狙いはよいペースを保ち、ぼくが知っている一キロか二キロほどのショートカットをして、そのうちに彼がぼくを置いて先に行くというものだったが、ぼくの調子が最初からよかったので、山頂までずっと一緒に行った。雪のコンディションは最高ではなく、カールの調子はいまひとつだったが、わずか五時間半あまりで登って降りてきた。その晩、エミリーとアメリカに向かい、はじめにアラスカのマウント・マラソンを、その五日後にコロラド州のハードロック一〇〇を走った。

人生は一度だけだ。だから一秒たりとも無駄にはしたくない。こうしたせっかちさがぼくの行く先を決めている。どこかへ出かけて何かをしたくなったとき、友人に時間ができるのを待ったり、誰か新しい人と出かけることで友人の輪を広げようと思ったことはない。ひとりで出かけては、そこから自分の失敗や成功のパターンを発見してきた。ぼくはそうやってはじめてのルートに挑み、氷と岩を乗りこえて多くの登頂を成し遂げてきた。すると何もかもひとりでしなくてはならないため、友人やメンター〔精神的な指導者〕と登るよりも遅いルートを選ぶことになる。リスクを明確に理解し、自分の能力に疑いのない状態でないと克服できない困難もあるからだ。ひとりで挑戦するときには、自分が身につけたことをしっかりと組み合わせ、確実なものにして、自分の想像力だけを頼りに困難を乗りこえなくてはならない。

それでも、ひとりであることの限界はたしかにあるのだが……。

夏のエベレスト

ロンボクに着くと、車を飛びおりてエベレストのベースキャンプに張られた大量のテントを見た。それまではヒマラヤに来たのはオフシーズンばかりだったから、いつも孤独を楽しむことができた。だから椅子にすわってさまざまなサイズや色でできたキャンプの小都市を目たときは、目が飛び出そうだった。いくつもの言語での会話が聞こえ、アフリカのスパイスとオリーブオイルで調理された食べものの匂いが漂ってきた。近くのチョ・オユーから乗ってきた市を降り、いつもぼくの撮影を担当する友人のセバスティアン（セブ）・モンタスのテントを探した。目がまだ景観になれておらず、山と都市の中間のように思える。八カ月前、ここにはじめて来たときに見たものがまだ記憶に刻みつけられている。

二〇一六年八月中旬、ぼくたちは二週間遅れでロンボクに着いた。その間、チベット仏教の中心地ラサで山中での物資輸送――キッチンと食堂があるテント、ひと月分の食料と料理人、ネパールからチベットへの飛行機と車の手配――を依頼していた代理店に思った以上にイライラさせられていた。毎日何かしら問題が発生し、出発の予定さえ立たない。最後には、嫌気がさして我慢の限界に達し、近くのランタン谷に向かい、汚い都市の空気から逃れてストレスを発散することにした。その一週間後、ようやく、求めていた山の希薄な空気を求めてチベットに向かった。

ロンボクへの旅はすばらしかった。壮麗な仏教寺院のあるシガツェ市などの都市では、白と金の完璧な色調が、周囲の乾燥した大地や、標高五〇〇〇メートルのチベット高原に延々と続くサバンナと見事な対照をなしている。土地の穏やかなうねりを乱すのは、巨大な湖と川だけだ。色鮮やかに連なる祈りの旗が村に近づいたことを告げている。

この地域を通る道路は完全に舗装されており、数時間で平地をあとにした。地面のうねりはより顕著になり、それから丘の上に達するとヒマラヤの壮麗な尾根が現れた。人を拒絶する巨大な白い壁が茶色と黄色の平原から突きでている。平らな土地から、八〇〇〇メートルまでまっすぐに。左にはマカルーとチョモロンゾ。右にはチョ・オユーとギャチュンカン。そして真ん中にあるエベレストが近くの山々を小さく見せている。ローツェのカンシュン氷河とヌプツェの北壁のあいだに、完璧な金星の三角形が空に描かれ、夏の雪で白く塗られ、そこから二本の平行した線が山頂から谷間まで引かれている。ノートン・クーロワールとホーンバイン・クーロワールだ。

その白い海に早く溶けこみたかったが、谷に入るまえに、ベースキャンプへの最後の村のひとつであるティングリで数日滞在しなければならなかった。いつ尋ねても明日まで待てと言われるのだが、何を待っているのかもわからない。家を出て二〇日後、ようやくベースキャンプに着いたときには、心は早く動きまわり、山に登りたいというせっかちな気持ちですでにいっぱいだった。八月二〇日は、一九八〇年にラインホルト・メスナーが単独無酸素でこの同じ斜面を、モンスーンのなか登ったのと同じ日だ。

着いたのが予定より二週間遅かったので、時間を無駄にしたように感じ、すぐにやるべきことをこなして順化を急ごうとした。到着するなりぼくはベースキャンプから六六〇〇メートルの山へ駆けあがり、翌日には夏の高温を生かしてスニーカーで七〇〇〇メートルのノースコルまで登った。太陽で雪は柔らかくなっており、スニーカーの底をスキー板のようにして滑り降りてきた。毎日ランニングやクライミングに出かけ、身体の状態をたしかめたかったが、ジョルディ・トサスに釘を刺された。

「注意しろよ！　不安になって必要以上にやってしまったり、遠征のはじめにすぐ登りたくなるのはよくあることだ。だが結局はたった二日で勝負はつく。そのときにちゃんと充雷できていなくちゃならないんだ。狙いすました狙撃手のように、本番の前にストレスをためないようにしないと」

遠征の準備をするときは、山頂へのアタックのまえにできるかぎりの情報を集めることが重要になる。だがあまりおおげさに言うこともない。天候の観察に時間をとられ、完璧なコンディションを待ってばかりいたら、結局はチャンスを逃して、リスクを冒しても登るべきだったと思うことになる。自分のパフォーマンスとコンディションの両方を完璧にするのは難しい。結局、心配はそこそこにして出発し、何が起こってもどうにか切り抜けることを学ばなくてはならないのだ。

山に来て一週間が経った。予報によればあと三日か四日で嵐が来てエベレストの北壁を覆ってしまう。このチャンスを生かさなければ、雪が去って登れる状態になるまで一週間もじっと待つことになる。そのあいだに動くのは、雪崩の地雷原に踏みこむような自殺行為だ。夏のヒマラヤでは、天気予報を信じるのは自由だが、積雪量を予測するアルゴリズムはあてにならない。つねに自分で空模様を観察し、それを信じて行動するしかない。

ほぼ毎朝、起きると太陽が照らす青い空に恵まれ、昼頃になると南から雲が集まり、ネパールの平原の上空に巨大な灰色の塔が積みあがる。それが北へ進んできて高い峰にぶつかり、爆発して嵐を生む。その怒りはときどきエベレストの反対側である南壁に向かうことがあり、キャンプから花火のような雷を眺めて過ごすことができた。あるいは、雲が挨拶するようにこちらに向かってきて、過ぎ去るまでぱたぱたと壁を打つ雪の音を聞きながらテントのなかで待たなくてはならないときもあった。それでも朝起きると、晩のうちに積もった雪はたいてい一〇センチか一五センチくらいで、朝日が昇ると解けてしまった。

だがいまは、山の南側にある暗く渦を巻く雲がいまにも全力でこちら側にやって来ようとしていた。エベレストを相手に踊るなら、光の嵐が降りそそぎはじめるまえにしなければならない。

ベースキャンプはロンボクとエベレストの氷河の中間にある岩だらけのモレーンにある。山の麓にテントを張るつもりだったが、荷物を運んできたヤクはベースキャンプの真ん中あたりで足を止めてしまった。ぼくたちは岩の斜面に岩を積んでどうにか平らな土台を作り、テントを四つ張った。景色の雄大さに圧倒された。モレーンはとても大きく、前方には六〇〇〇から七〇〇〇メートルの峰があり、背後にもやはり同じ高さのほかの峰があって、退屈な午後にはスキーで登ることができた。手持ち無沙汰な時間がさらに長くなる場合は、いつも七五〇〇メートルの穏やかなチャンツェに北側の斜面から登り、そこからエベレストの完璧な眺望を楽しんだ。

その比類ない展望台の唯一残念なところは、世界の頂上から少し離れていることだった。毎朝、一〇キロほど移動してようやく氷河に着いて登りはじめ、疲れて帰ってきたときも同じ道を逆にたどらなくてはならなかった。それでも、何とかぼくたちは山に入り、毎日何かをすることができた。


好天はあと数日しか保《も》たないと推測したので、順化を終えて山頂にアタックすることにした。そのまえの数日はきつく、身体は休みを求めているようだった。だがぼくはリラックスするのがあまり上手ではなく、セブの意見を聞いて、本番をまえに最後にもう一度高地まで登り、順化の仕上げにすることにした。

夕食のあと、翌朝五時に登りはじめ、そのあとテントで休みをとることに決めた。バックパックを準備し、寝袋に入るなり丸太のように眠った。

半透明なテントの生地を通して肌を撫でる太陽の光で起きた。これほど気持ちのいい目覚めかたはなかなかない。外はまだ寒く、最初の光が射しこみ、前夜のひどい寒さのあとで、テントのなかをサウナのように温めてくれている。だが突然、もう太陽が昇っているのはおかしいと気づいた。心地よさは吹き飛んだ。枕代わりにしていた衣服のあいだから時計を探しだす。「くそ、六時一〇分だ！」。ぼくは寝袋から飛びだして、慌てて服を着た。朝食も食べなかった。バックパックをつかむと、文字どおりモレーンを駆けあがった。ショックのためかアドレナリンのせいかはわからないが、溜まっていた疲れがすべて消え、全力で走った。

三〇分後、すでに山の麓まで半分のところに達していた。普段の半分ほどの時間だ。太陽が明るく照らしはじめたので、顔に日焼け止めをたっぷりと塗り、走りながらサングラスを探した。ところが頭の上にもポケットのなかにも、バックパックにもなかったので不安になってきた。バックパックの中身を野獣のように怒りにまかせて地面に空けた。ない。サングラスが見つからない。「くそったれ！」。ろくに考えもせず、ぼくはバックパックをそこに残したまま、モレーンを走ってテントまで戻った。ファスナーを開けるとすぐに見つかった。七時ちょうど。もう一度飛びだそうとしたとき、同行のネパール人コックのシタラムが自分のテントから顔をのぞかせた。

「キリアン、朝食だ」

「無理だ、時間がないんだよ、シタラム。すぐ登らなくちゃ。じゃあ、また午後に」

「走っちゃダメだ。この高度では身体によくないぞ！」

ぼくはすでにさっき通ったところをたどっていたので、最後の言葉は聞こえなかった。今度は必要なものを全部持ち、走りつづけた。

およそ三時間後、数百メートル先にセブの姿が見えた。チャンツェの壁面をノースコルに向かって登っている。

「なあ、つぎは起こしてくれよな！」。ぼくは声が届くところまで来ると、半分冗談、半分本気で声を上げた。身体は快調だったが、もう時間は遅く、雪は急速に温まりはじめていた。

「いやあ、きみはもう少し眠ったほうがいいと思ったんだ。それに、追いついてくるのはわかってたし。そうだろ？」

「遅すぎたよ。感覚はいいけど、運に賭けるべきじゃない。またあとでやり直す必要がある。いま降りて休息をとれば、明日か明後日にはもう一度トライできる」

翌日はひとりで登った。昨日のミスに対する恥ずかしさが少しあって、七〇〇〇メートルでの順化ができなかったことに苛立っていた。必ずその高度まで達すると決心して出発した。同行者たちはキャンプに残ってエネルギーを蓄えた。山を独り占めしていると、利己的な独占欲が頭をもたげ、笑みを浮かべた。氷河に達すると、クレバスが恐かったのでノースコルには向かわず、北壁の東側のラインを選んだ。ノースコルの上にある岩峰と氷塔のあいだに、積もった雪を落とす程度には急だが、ペースを落とすほど急ではない斜面の通路がある。ぼくはそこを進むことにした。コンディションは完璧で、雪にたやすく体重を支えられ、数時間後には六〇〇の斜面を離れて標高七五〇〇メートルの北稜に達した。雪は解けかけておらず、腰まで身体が埋まった。

一歩進むにも、とてつもない力と正確な動きが要求された。最初の雪の層から離れるために蝶の羽のように両腕をばたつかせ、それから足を膝の高さに上げ、三〇センチ先に降ろした。その足を見ながら、体重をかけるまえに優しく雪を固める。また腰まで沈み、もう一方の足で同じダンスをする。それを三〇回以上続ける。

一〇〇メートル登るのに一時間かかった。溝を掘りながら三時間進み、その労力よりも遅さに疲れはてて立ちどまった。雪を平らにしてバックパックに腰を下ろした。エベレストを背中に、チベット高原を前にしてすわっていると、その美しさに圧倒された。チャンツェは小さくなり、周囲の山々がその壮麗さで競うようにぼくを誘惑する。その麓には、谷にいくつもの氷河が走り、雪を頂いた山々の触手のように伸びていて、その先で茶色い丘へと消える。その高さからは、左手に、一九八〇年にラインホルト・メスナーがノートン・クーロワールからの登頂を目指して渡った細長い雪の帯がはっきりと見えた。

完全な静寂で、自分の息が平和を乱しているように思えた。三〇秒ほど息を止めて、自分を取り囲むすべてを感じ、運よくその山に舞い降りてきた、ほんの小さな雪片のようにまわりに溶けこもうとした。一本のジグザグの線が雪の上につき、氷河が山の後ろに見えなくなるところで消えている。それが、自分はただここを通りすぎるだけで、まもなく人間の世界に戻っていくことを思いださせた。けれどもぼくはその瞬間が永遠に続き、面倒な問題のことは忘れ、呼吸することだけを考えていたいと願った。高度のせいで何も考えられなかった。

雪は幸せだ。時の止まったこの白い楽園にずっと留まることができる。だが人間の不完全さ

——空腹や寒さ、疲れ——のため、ぼくは下山するしかなかった。キャンプでは四人がぼくを待っていた。

四〇時間後、八月の最後の日にぼくはまたそこに戻った。だがこのときは静寂は消え、表現できないほどの轟音が鳴っていた——エドヴァルド・ムンクの絵画から想像されるような叫び声だ。高度八〇〇〇メートル近いエベレストの北壁の東側で、生きて帰れるかどうか確信が持てなくなっていた。その数分前まではすべてが順調だったのに。

その日の明け方、セブ、ジョルディとぼくは、おそらく一週間の嵐のまえの最後の好天の日に出発した。それぞれが自分の考えに沈んで、黙ってモレーンを進んだ。早朝の山の静けさを破るのは凍った地面に響く靴の音だけだ。東に太陽が昇るころ氷河に達した。そこには大量の石の土台やほかの遠征隊が残していったものがあり、毎年春にはここに小さな都市ができることを示していた。

キャンプの跡地で足を止めた。ブーツにクランポンをはめ、日光を楽しみながら少し食べた。ぼくたちが登ろうとしている壁面は太陽で幾重にも赤く染まっていた。夜が明け、日輪が頭上で、花を生きかえらせるように輝く。まわりを自由に見回せるようにフードをはずし、待ち受ける二〇〇〇メートルの雪と岩にどこからアタックするのが最善かを話しあった。

クランポンとピッケルが当たってカチカチと音を立てる。二日前と同じように、雪の硬さは完璧で、固すぎず深すぎず、一時間二五〇メートルのほどよいペースで進んだ。ほんの数時間で七〇〇〇メートルに達し、広い雪の斜面を登り、北東稜から突きでた岩が岩峰群をなしているところを通過した。一般にはピーター・ボードマンとジョー・タスカーが行方不明になった尾根として知られており、標高は八三〇〇メートルを超える。

登るとき、ぼくたちは高揚感に囚われていた。ひとりで登るときには、いつも絶対に集中していなければならず、感情に操られたり裏切られたりしないように心を平静に保とうとする。だが仲間がいると、感情はたがいのあいだを流れ、笑いは伝染する。楽しみであふれていた。想像しうる最高の天気だったし、寒さもなく、コンディションは理想的だった。三人とも、とくにセブは調子がよかった。ぼくたちはエベレストの新ルートを切り拓いていった。

セブとぼくが交互にリードし、ジョルディは少し後ろからついてきた。いくつかの雪の通路を通りぬけ、岩が突きでているがたくさんの雪が積もった尾根を進んでいくと、少しずつリードを交代する時間が短くなった。三〇〇メートルから四〇〇メートルごとに交代し、しだいに深くなっていく雪をかき分けた。西では、雲が北東稜の麓でカンシュン・フェイス（東壁）を望むラピュ・ラと呼ばれるコルを包み、さらにこれから登ろうとしている壁面も覆いはじめていた。その週はずっと、午後早くに小さな雲ができたがすぐに消えていたので、ぼくたちはひるまなかった。呼吸はひと苦労で、かなり頑張らないと進みつづけることのできない八〇〇〇メートル近いところにいたが、苦しみを伴う高揚感を覚えていた。膝まで雪をかき分けて登っていると、セブの歌声が聞こえてきた。「ありのままの、姿撮《うつ》すのよ。ありのままの……」。彼の娘が気に入っているアニメソングの替え歌だ。キャンプで観ることができた唯一の映画だった。

　立ちどまって雲がなくなるのを待つことにしたが、雲は消えなかった。それどころか雲はどんどん厚くなり、ついには一〇メートルほど先までしか見えなくなってしまった。それでも足りないとばかりに、雪まで降りだした。

　危険な状況だった。風が吹きはじめ、しだいに凶暴に襲いかかり、いま降っている雪とすでに積もっている雪のあいだに危険な大きさのスラブ〔板状に固まった雪〕ができつつあった。ぼくたちは数時間のうちに雪崩が起きそうな壁面の真ん中にいる。いや、一時間もかからないかもしれない。嵐のなか、セブと目が合う。もう何も言う必要はない。これ以上は進めない。

　選択肢は三つある。待つか、来た道を引きかえすか、新たな道を進むか。どれもあまりよいとは思えなかった。来た道を五〇〇メートルほど引きかえすのはあまり技術的に難しいことではないが、積もった雪が危険だ。右へ曲がり北稜に向かうほうがリスクは少ないが、そこに達するには一メートル以上新たに雪が積もった五〇度の斜面を越えなくてはならない。このコンディションでは、待つのはいい考えではなさそうだ。

　追いついてきたジョルディに、どう思うかと尋ねた。

「斜めに北稜を目指すべきだと思う」と彼は言った。

「行き先がわかっていないとべつの尾根に移ることはできない」とセブが深い霧のなかで方角を確認しながら答える。「急いで下山することもできる――それも選択肢のひとつだ」

ジョルディは首をかしげて口をはさんだ。「でも氷も、尾根もあるぞ。もう完全に雪に埋まっているだろう」

「尾根が見えた」とぼくは取りなそうとして言った。風がわずかに霧を払ったとき、シルエットがちらりとのぞいた。「最初の支脈のあと、もうひとつある。その先に尾根がある。だいたい四、五〇〇メートルのところだ」

「オーケー」セブが同意した。「ひとりずつ行こう」

「わかった。ぼくから行く」。ぼくは言った。迷いはなかった。

「子供がいないからか？」セブは尋ねた。

「ああ、それもある」。ぼくの声は小さくなっていた。ぼくは歩きはじめた。

セブの声が後ろから聞こえた。「尾根に着いたら声を上げてくれ。そうしたらあとを追う」

一歩ごとに身体が沈み、膝まで雪で埋まった。クランポンやブーツなどあらゆる装備を通して、細かい雪まですべて、あらゆる結晶がずっと感じられる。固い雪の層の上では、少なくともつぎの一歩までは比較的楽に呼吸できるが、突然その層が沈むとしばらく呼吸を止め、静かになるのを待たなくてはならない。**もう一歩進もう。まだ途中だ。立ちどまった。戻るべきか？** 戻ったところで、運命を少し先送りするだけのことだ。もう一歩進もう。膝が雪の下に消える。上にも下にも、一〇〇〇メートルの壁がある。すべては完全に雪に閉ざされている。風がそれを巨大なスラブに変える。**くそ、トラップだ。ここは地雷原だ。**一歩ごとに、雪崩を引き起こしてしまったように感じる。それが二〇センチか、一メートルのものかはわからない。すべての動きが永遠で、いつまでも終わらない。前に踏みだすとき、足にすべての体重を乗せるときにはもうつぎの一歩のことを考えて震えている。たしかに、もしぼくが死んでもたいして心残りはないが……エミリーのことは気にかかっている。ずっと一緒に生きていくつもりでいる。それにまだ登っていない山のことも強烈に脳裏に浮かんできた。それはずっと頭に残り、現実にはならないだろう。死にたくない、まだ。ぼくは一歩前に踏みだし、止まった。同じ恐怖を感じながら、同じ過程を繰りかえした。歩くのは苦しかったが、それ以上に一歩ずつ前に進むと固く決心していた。

「ああああ！」。ぼくを囲み、支えていた雪が剝がれ、壁面を落ちていったとき、ぼくは最大限の声を上げていた。

本能的に二本のピッケルをできるだけ深く雪に刺し、氷の一ミリ奥を探った。すぐに上から雪の波が落ちてきて頭に当たった。すべての装備とともにピッケルにしがみつき、全部落ちるのを待つ。雪崩の力がぼくを下へ引っ張り、両腕でつかまったぼくの脇を白い滝が通過していった。そして突然止まった。くそったれ、まだ生きてる！　ピッケルはまだ氷に刺さっていた。くそ、こんな死にかたをしてたまるか。

ぼくはすさまじい力を出して尾根に達し、決めたとおり声を上げてセブとジョルディに出発するように合図した。急な壁面の上なのに、そこにも新鮮な雪が一メートルほど積もっており、一〇メートルほどしか先が見えなかった。進むべき方向をどうやって知ればいいのだろうか。霧のなかで下る道を探すのは難しい。右側へ少しまわり道をすると、かなり不安定な北東稜に戻ってしまうし、左に行けば、北壁でやはり同じ目に遭う。そのときふと、前日に尾根を七〇〇メートルまで登ったことを思いだし、時計に残っているそのときのＧＰＳの記録を探した。セブが着くと状況を話しあい、ぼくの時計に表示されているルートが正確であることを神に祈って、それをたどることで迷わないようにした。ジョルディが霧のなかから現れたとき、彼は警戒するように手を振り、ぼくには理解できない何かの合図を送っていた。

「危ない！」。ジョルディの声が聞こえた。

「くそ！　ピッケルを打ちこめ！」

雪崩だ。だが運よく小さなもので、ぼくたちは腰まで埋まった。尾根の上でさえ雪崩が襲ってくる。

「くそっ、くそっ。早く降りないと！　何もかもめちゃくちゃだ！」。セブが言った。

セブが先頭に立って尾根を降りていった。ぼくは数メートル後ろにつき、時計を見ながら方向を指示する。ジョルディはぼくの後ろ五〇メートルほどにいて、霧のなかで姿がよく見えない。膝よりも上の雪をかき分け、ときどき尾根を落ちてくる雪崩をよけながら、深い霧のなかをできるかぎりの速さで降りていった。時間は気まぐれに過ぎていく。すぐに経つ一分もあれば、ずっと終わらない一分もある。ジョルディは高度のせいで調子が悪くなり、ふらふらしはじめた。雪はまだかなり不安定で、小さな雪崩を起こしている。雪をかき分けて進む音と呼吸音は荒く、途切れることなく続く。だが同時に静寂が続き、ぼくたちはひと続きの果てしない瞬間に閉じこめられている。すべてが平板になり、いくつかクレバスが現れた。ふいに、目の前にチャンツェの壁面が見えた。ノースコルだ！　尾根を探し、何度か懸垂下降してベルクシュルント〔氷河と岩場のあいだにできるクレバス〕と氷河の上を降りた。

下に着くと、ぼくは地面に倒れこんだ。心は完全に空っぽだった。セブとぼくは抱きあい、それから笑い、泣きはじめた。ふたり同時だった。

「いったい何が起こったんだ？」

ジョルディが加わると、ちょうどそのとき、少しまえに降りてきた壁面で雪崩が起きた。

ぼくたちは黙ってモレーンをキャンプに向かって歩きはじめた。あと一〇キロだ。夜が来ると、高揚感から悪夢へほんの一瞬で変わったことを思いかえした。**今日はいったい何度命拾いしたんだ？**

五〇〇枚以上のナンバーカード

ようやく眠りについたところで携帯電話のアラームが鳴り響く。もぞもぞと探り、夜の静寂を乱す轟音を消し、明かりのスイッチを探す。つけたばかりのホテルの部屋の照明で目がよく見えず、ちゃんと開けることもできない。起き上がって夕食の残りのパンを一枚手に取る　握ってみて古くなっていないかをたしかめ、ジャムをナイフで厚く塗る。ひと口食べる。目を閉じて、ようやく秩序が戻ったように感じる。目のなかの埃が取れたような心地よさ。ふた口目　三口目。パンが喉をボールのように落ちていく。こんなに慌てて食べてはいけない。最後のひと口を食べ、シーツの下に戻る。一時間後にもう一度アラームをセットする。目を閉じて眠ろうとする。意識を真っ白にしようとするが、うまくいかない。レースのことが、準備と戦略などがあらゆる隙間から頭にしのびこんでくる。

アラームがまた鳴る。今度はシーツからすぐに出られる。まぶたは重く垂れさがらない。ベッドから飛び出し、絶対に変えてはいけないルーティンに入る。バスルームで水を飲み、ボクサーパンツを脱いで、まえの晩に用意しておいたレース用のウェアに着替える。シャツの後ろにはナンバーカードが貼ってある。また水を飲み、もう一度バスルームに行く。上着のジャケットを着る。これで準備はできた。明かりを消して部屋のドアを閉め、鍵をマットの下に入れる。玄関まで軽く走っていく。

この行動を何百回も――五〇〇回以上――続けていると、特別な儀式としての魅力はなくなり、時間を無駄にしないための単なる機械的なルーティンになる。興奮と言えるような感覚を味わうことはめったにない。

そう、ぼくはこれまでに五〇〇枚以上のナンバーカードをつけてレースしてきた。最初の一枚は、まだ歩くこともできなかったころだ。両親につけてもらってラ・モリーナの新年スキー大会に出た。生後二カ月のぼくは、父のエドゥアルドの腕に抱えられていて、スキーはほんの軽く雪をこすっているくらいだった。母がつぎのナンバーカードをつけてくれたのは一八カ月になるまえで、このときはグループハイクのあいだ、ちゃんと自分で立っていた。また、自分の記憶があるのは三歳のとき、はじめてクロスカントリースキーのマルシャ・ピリネウでレースに参加したことだ。ぼくが育ったキャプ・デル・レクの山小屋からアランサ・クロスカントリー・ステーションまでの一二キロだ。ぼくはどうにかルートの半分まで滑り、最後尾を走るスノーモービルに乗ってゴールした。その翌年からはずっと最後まで滑りきった。

知らないうちに、こうした最初のスポーツ体験がのちに世界中を旅してまわる生活の種をまいていた。ぼくは五〇〇回以上、早朝に起き、数字の印刷された小さな四角形をつけてきた。ここではそのいくつかについて話そう。

ゼガマ二〇〇七

夏の終わり、シダばかりの深い緑の景色を霧が和らげている。細かい水の層が空中に漂って動かない。すばやくそこを通過すればリフレッシュできるが、あっという間にずぶ濡れになってしまうだろう。草の刈りこまれた地面と、白っぽい斑《まだら》でナイフのように鋭い岩のあいだに、蛍光オレンジの羊毛がジグザグに張られている。友人でレース主催者のアルベルトや関係者がアラッツの丘で迷子にならないように張ってくれた糸だ。それからまた森に入り、霧の悪魔をかき分けて土や石の道をたどっていく。

大会は九月二三日の日曜日だった。翌日は大学の試験だったが、ほとんど忘れていた。前方でオレンジのタンクトップを着て走っているセゴビア出身のラウル・ガルシア・カスタンのことで頭がいっぱいだった。あの二〇〇七年に、ぼくたちはアンドラ、マレーシア、そして日本でぶつかっていた。世界一重要な山岳マラソンはスペインのギプスコア県で行われる。それがスカイランナーワールドシリーズの最終戦にあたっていた。もしラウルが勝てば、彼がワールドシリーズを制する。そのシーズンは自信を持てる成績を挙げていたが、ライバルもまた長距離レースで最高のパフォーマンスをしていた。ぼくのほうは、トレーニングで四〇キロを走っていたし、八〇キロもこなしていたが、実際のレースでマラソンの距離を完走したのはゼガマの前週、センティエロ・デッレ・グリーニェ〔当時スカイランナーワールドシリーズに組みこまれており、二〇〇七年にはキリアンが優勝している〕がはじめてだった。

ルートの前半、先頭グループのぼくたち四人はいいペースだった。ラウルのほかにヘス・エルナンデスと、マヨルカ島出身のトフォル・カスタニエールがいた。ヘスは数年前から知りあいの若い選手で、一八歳のとき、ぼくが住んでいたモンテッラに近いエスターナという村に引っ越してきた。彼のほうが四歳年上だったが、山を走るのが好きな子供は珍しかったから、すぐに知りあいになった。その年、ぼくたちはカバージョス・デル・ビエントと呼ばれる山岳ルートを一緒に走った。カディ山地やペドラフォルカのまわり八〇キロを一〇時間ほどで走った。間違いなく、彼はぼくが知るなかで最も才能あるランナーのひとりだ。強さがあり、純粋な筋力も高かった。もしランニングに集中し、きちんとトレーニングをしていたらどこまで行けたか誰にもわからない。彼の父マヌエル・エルナンデスとエンリク・プジョルは一九八一年にブロード・ピークの最高地点八〇五一メートルに到達した三番目の遠征隊の一員だった。下山中に事故が起こり、エンリクは意識を失った。救助を待って高度七六〇〇メートルで三晩過ごすことになった。エンリク・プジョルはその後目を覚ますことはなかった。

不条理な静寂に包まれている。呼吸音と、全速力で駆けおりる足音だけが聞こえる。分厚い泥の海に奇妙な、雑然とした模様をつける乾いた木の葉を踏んでいく。ぼくたちはおとぎ話に出てくる、魔法をかけられた森から逃げだす男たちの集団のようだった。ふいに、霧のなかから追っ手が迫ってきた。獲物に襲いかかる二頭の獰猛な動物のように乾いた葉や枝を揺らしている。地元バスク地方出身のツアイ・エスペラータとフェルナンド・エチェガライが、中間地点をまえに追いついてきたのだ。ふたりはペースを落とさず、猛スピードでぼくたちの前に出た。そこにすべてを賭け、スプリントでレースを決めに来ているかのようだった。彼らがそうする理由はまもなくわかった。

下りの終わり近くで、石灰岩を貫通しているトンネルを通る。それほど長くないが内部の数メートルは完全な暗闇になる。地面にはさまざまな大きさの石があるため、集中して走らなくてはならない。ぼくはそれまでゼガマのレースを走ったことがなかったし、ユーチューリもない時代だった。その様子は散々聞かされていたが、大きな音が谷間に広がり、たくさんの呼び声がこだましているように聞こえて怖ろしかった。暗闇のなかでは石のあいだを慎重に踏んでいたので、その音に耳を傾ける余裕はなかった。だがトンネルが終わって明るいところに出ると、向かっていく先にベルやトランペットを持った数千人の人々が待ち構えていた。

ふたりのバスク人のランナーは両腕を上げ、観客をかき分けていった。彼らが前に出ると、すさまじい騒ぎになった。ぼくは驚き、ひるんで、エイドステーションのすぐそばを通りぬけた。

「落ち着け、キリアン、落ち着くんだ」。ぼくはいったん足を止めて横を向き、水一杯とジェルを手に取った。だが周囲の興奮と騒音のため、とても冷静にはなれなかった。ルートはそこからまっすぐ草と土の登りの急斜面に向かっていた。これだけの距離を走るレースでは、下りの傾斜を利用して力を温存し、長い登りに入るまえにペースを上げ、ジェルを食べ、水を飲みながら走るべきだったが、ここではそれは不可能だった。これだけの歓声のなかでは力の入れ具合など意識していられない。人々のエネルギーに押し上げられるまま、全力で走りぬけるしかない。

距離が二〇キロから四〇キロほどで、〝あまり長くない〟一時間から四時間くらいで完走するレースは高い集中力が求められる。フュリのバーティカルキロメーターのようにひとつの小さなミスですべてを失ってしまうことはないが、疲労に注意しながらペースを保って走る長いレースともまた違う。こうした中距離のレースでは、集中しなければならないこともたしかだが、たとえミスをしてもそれを取りかえすだけの余地はある。駆け引きしながら走りはじめ、アタックする瞬間を見定め、休んだり、またスピードを上げるための力を回復する時間もとっておく。ぼくはゼガマのそうした部分にうまく適応していたが、それもトンネルを出てエイドを利用するまでだった。そこから先はめちゃくちゃだった。興奮した観客の前では、早い段階から全力を出しきり、ラスト二〇キロを高速レースのように走らなくてはならない。まるで悪夢のようだった。

ふたりのバスク人選手を抜かし、後ろとの差を広げて登りおえると、さっきよりさらに大きいざわめきが聞こえてきた。目を開けると、信じられない光景がそこにあった。アイズコリの山一面を数千人が埋め尽くしているのだ。ツールドフランスに出場している疲れ知らずのサイクリストが、大量の汗をかきながら七月半ばのツールマレー峠への道を進んでいくのはこんな感じだろう。ランナーと観客は完全に一体になっていた。世界のほかの場所で、この独特の感覚を味わったことはなかった。とても特別な体験だった。

十分な差をつけて最後の道を通っていくとき、背後からセゴビア出身の男が迫っていることに気づき、最後の三キロはかなり速いペースで走ることになった。ついに、ほぼ力を出しきって、一着でフィニッシュラインを越え、そのわずか六秒あとにラウルが続いた。この六秒——短く感じられるが、実は永遠の――によって、ぼくはスカイランナーワールドシリーズのトロフィーを高く掲げた。この六秒が、夢だった生活を始めさせてくれた。この六秒が、それ以降すべての競技で勝つためのモチベーションになった。それはぼくのキャリアで最も重要な六秒だった。

この経験から、勝敗を分けるのはほんの小さな差で、それはいつも些細なことに左右されるのだと知った。

このゼガマの数週間前には、イタリア、コモ湖の東側にある山々で行われる三二キロのレース、ジール・ディ・モンを走っていた。その賞品がフィアット・パンダ一台だった（そのころぼくは一九歳の少年で、どこか遠くのレースに参加するためには、参加費と遠征代金をまかなうために一週間電気なしで暮らさなければならなかった）。その大会には、過去一〇年間山岳レースの第一人者だったメキシコ人ランナー、憧れのリカルド・メヒアが出ていた。彼はシエール・ジナルで五度、パイクスピーク・マラソンで数度優勝しており、さらにゼガマの前年度優勝者だった。彼とのレースはこれが二度目で、ぼくは前週にスカイランナーワールドシリーズのアンドラでの試合で、本格的な大会でははじめて優勝したばかりだった。リカルドをはじめて見たのはそのアンドラで、二年前のことだった。

ジール・ディ・モンでは意外な結末が待っていた。ぼくは弾みをつけてアタックをかけて先頭に立っていた。リカルド・メヒアは小刻みでダイナミックなステップでどんな斜面も走りつづけ、後ろについていた。そしてぼくを抜いた。そこからは交互に前に出た。下りではぼくが抜き、登りでは彼がかわした。登りきった最後の頂上では二秒リードされており、勝つためには命がけで斜面を降りていくしかなかった。フィニッシュラインまで一キロの地点で追いついたものの、振りきることはできない。残り三〇〇メートルで舗装路になった。わずかな登り斜面の先に、フィニッシュラインとフィアット・パンダがある。ぼくよりはるかに経験があって賢明なリカルドは、ぼくに考える余裕を一秒たりとも与えずに猛烈なスパートをかけた。最後の下りでエネルギーを温存していたのだ。だがぼくのほうは追いつくのに全力を使いきっていた。フィニッシュラインめがけて疾走する彼が離れていくのを、ぼくは何もできずに見ていた。脚は脳からの指令に反応することを拒んだ。あの六秒が、ぼくを敗者にした。

ぼくは何年も、レースというのは出発の号砲とフィニッシュラインのあいだに起こることだと思いこんでいた。競技とは勝利と敗北、よい記録と悪い記録のできるゲームなのだという考えに目を曇らされていた。よい成績を求めるあまりわかっていなかったのだが、ゼガマで最も重要なのは観客の励ましや前夜の炭水化物たっぷりのディナーではなく、このレースの創始者で運営者であるアルベルトとアイノアの情熱にあるのだ。ふたりは村と山、そしてその一日を、住民にとって魔法の時間にしようとしている。また本当に祝福されるのは表彰台の上ではなく、ランナーも運営者も観客も一緒に、全員が町の伝統的なバスク料理店に集まってディナーをするときだ。あるいはジール・ディ・モンでは、競技よりもペッパの店で食べるピザのほうが大きな意味がある。ぼくはこうしたことに気づかないまま、身体的な能力や競争心を高め、勝つための知識や動きを身につけていた。

ハードロック一〇〇

コロラド州南部の四〇〇〇メートル級の山々のなかでヴァージニアス峠が見えたとき、辺りはすでに暗くなりかけていた。ありがたいことに、もう森からは出ていた。木の陰になって視界は限られていたが、空にはまだ明るさがあり、雲がいくつか見える。雨か雪の嵐がやってきて、残り少ない今日の日を雷や雹で賑やかにするかもしれない。ぼくたちは山の領域に入りこんでいる。自然はそのことを思い知らせたいようだ。

明るい黄色だった岩はすぐに淡い色になり、前方にせり上がる尾根からは数百もの頂が空に伸びている。その花崗岩の岩峰のうち、ふたつのあいだに一メートルほどの隙間が開いていて、その山脈を迂回せずに直接越えることのできる数少ない峠のひとつが通っている。その狭く入りにくい峠に、このレースで、そしておそらくは世界のどのレースを見渡しても、最も標高が高いエイドステーションがある。

雪が細長く帯状に伸びて、その峠道の場所を示していた。景観がくっきりと分かれている。雪は白く、岩や木、山々など、それ以外のあらゆるものは黒い。もう朝から一〇〇キロ以上走っていて、脚は疲れはじめていた。高度な技術が必要になる区間でスピードを上げたり、門を開かずに飛び越えていくといった、無意味な力の浪費はできなくなっていた。登り坂は退屈で、雪の帯に達するまでの経路には標識はない。緩やかな岩の斜面を一歩ごとに滑りながら登っていくしかなかった。ぼくはすばやく動き、あまり体重をかけないようにしてやり過ごした。雪のあるところまで達すると、七月の晴れた昼間にもかかわらず、標高四〇〇〇メートルの雪はあまりに固かったので、つま先にぎゅっと力をこめて、ほんの数ミリの違いだがスニーカーを固くして雪面に食いこませた。そして滑り落ちないようにと祈った。そのあいだに青空は陰ってきて、黄色、それからオレンジ色を含んだ透明なトルコ石のようになった。やがて燃えて深い赤になり、一瞬だけ紫になったあと、ほぼ黒に近い青へと変わった。

ぼくはエイドステーションに着く少しまえにこの鮮やかな色の変遷を味わうことができた。一緒にいるのは一〇キロのレースでも五〇キロのレースでも勝てる、すばらしい才能を持ったアメリカ人ランナーのリッキー・ゲイツだった。とても変わった人物だ。シエール・ジナルを力強くフィニッシュするかと思えば、アラスカからパタゴニアまで数カ月分の荷物をサドルバッグに詰めて、オートバイでルート66を走ったりもする。あるいはアメリカを大西洋から太平洋へとひとりで歩いて横断する途中で、アラバマ州の農場で眠る場所を探すこともある。ぼくは二〇〇九年にはじめてシエール・ジナルに参加したときに、そのレースで四位だったリッキーと知りあった。それ以来アラスカやアルプスなど多くのレースで会い、必要なときはいつもペーサーになってくれた。一〇〇マイル〔一六〇キロ〕のレースでは普通、最後の五、六〇キロはペースを保つためにランナーが伴走する。身体的な助けや飲食物の運搬はできないが、一〇〇キロ以上走ってきたあとの精神的なサポートは測り知れないものがある。リッキーはぼくがウェスタンスティッ一〇〇を走った二度ともペーサーになり、また長い夜のあいだずっと雨と雷に見舞われたこのハードロック一〇〇マイル・エンデュランスランでもサポートしてくれた。

空が最高に赤くなり、ほとんど現実とは思えないほど強烈な深紅になったとき、エイドステーションに到達した。そのとき、声が聞こえてきた。

「やあキリアン、テキーラを一気飲みしてみるかい？」

四〇〇〇メートルを超える尾根で、ふたつの岩の柱に挟まれ、その両側には何もない二平方メートルの場所で、オレンジの服を着て登山ヘルメットをつけた男がガラスのボトルから金属のコップにテキーラを注いでいた。この人物はベテランのウルトラディスタンス・ランナーのロック・ホートンで、このレースを一〇度走ったあと、この独特のエイドステーションの担当になることに決め、もう一〇年それを続けていた。自分で言っているように、「一〇年間は受けとり、一〇年間与えてきた」わけだ。

ぼくがまだ驚いて茫然としているうちに、リッキーが声を上げていた。「もらうよ！」「そうだね」。まだ状況がのみこめないまま、ぼくも答えた。「一杯くらいなら悪くない。でも少しでいいかな。まだ五〇キロ残っていて、脚にも余裕がなくなってきてるし」

ロックがテキーラを注ぎ、卵二個と野菜、アボカドのブリトーを用意しているときに、その奇妙な場所にあと五人いることに気づいた。彼らは壁面から吊して眠ることができるハンモックのようなポータレッジ〔簡易テント〕を持っていた。クッキーと調理したジャガイモ、サンドイッチ、ブリトーを広げ、この場所で提供できるメニューが書かれたポスターを張りだしていた。ベジタリアンやヴィーガンにも対応している。おまけに登山で使うようなポータブルコンロと、水を温めるためのポット、ランナーの味覚を満足させるためのフライパンまであった。全員がマットレスの上にすわっていて、どうやってそれをここまで運び上げたのか、どう考えてもわからなかった。彼らはそれをまえの週に自分たちで設置した石の壁に載せていた。

高みから見ているぼくたちの前で、暗闇は谷間に広がっていき、それから上昇して山と空の色を消した。そのあいだに、スコット・ジュレク――ウェスタンステイツ一〇〇を七度、二四六キロのスパルタスロンを三度、バッドウォーター・ウルトラマラソンを二度優勝し、このハードロック一〇〇でも勝ったことがある――がこのエイドステーションの独特さを説明してくれた。ボランティアのキャンセル待ちリストがある唯一のステーション。ボランティアは全員が「ハードロッカー」、つまりこの一〇〇マイルレースを少なくとも一度完走したことがあり、ロックから特別に誘われた人々だ。この「クローガーズ・キャンティーン」の手伝いをするのはとてつもない栄誉なのだ。レースに勝つのと同じくらい、あるいはそれ以上に。

二〇歳で一〇〇マイル、つまり一六〇キロのレースに出たとき、いちばんの魅力は自分がその距離を休まず、速いペースで走れるかをたしかめられるということだった。その疑問はモンブランの周囲をめぐるウルトラトレイル、UTMBに二〇〇八年に出場したときに消えた。この距離を走る最大の動機は、自分が優勝を争い、勝つことができるかどうかを知ることだった。ぼくは自分が走る最も短い競技、バーティカルキロメーターと同じ心構えで、同じトレーニングと戦略、計画で臨んだ。だが長距離のレースでは、こうした純粋な競走としてのアプローチや走りかたはあまり一般的ではなかった。とくにヨーロッパでは、ウルトラトレイルはペースを保って完走するためには忍耐が必要なため、ベテラン選手のための競技と考えられていた。実際、イタリア人ランナーのマルコ・オルモは、なんと五九歳でUTMBで二年連続優勝していた。

二、三カ月距離を延ばしてトレーニングすると、自分が八時間から九時間は飲み食いせずに走りつづけられることがわかった。つまりエイドステーションのあいだに飲むための水を携帯する必要がなく、荷物を軽くできるということだ。それまでの優勝者のビデオや区間タイムを研究し、一六〇キロを歩かずに走りきれば一九時間で完走でき、優勝は間違いないという結論を出した。ぼくは最小の装備で長距離トレーニングをして準備をし、レースを最後まで走った。ぼくは抜けだし、二〇キロの地点で独走になった。

それと同じ二〇〇八年に、アメリカで、二三歳のカイル・スカッグスがハードロック一〇〇で優勝した。彼ははじめて二四時間を切り、ミニマリストのスタイルで最初の一キロから飛ばした。今日では、準備とトレーニングの変化により、荷物を軽くしてはじめからスピードを出すことへの恐れはなくなってきている。それはもう理解不能な謎ではないのだ。ただ、最初から最後まで速度を上げたまま走りきるのは難しい。長距離ランニングはまた、毎回その一度きりの特別な旅になる。それは自分の内面への旅になることもある。疲労によって感情は増幅され、繊細さを増している。またそれは外部の世界への旅でもある。日が昇ったときから日没まで山々と景観を深く知ることになり、目を覚ました動物たちと、月に照らされながら伴走することもある。

競技では、一着になるのが好きだ。ここまで読んでもらったならわかるだろうが、ぼくはかなり落ち着きがなく、負けず嫌いでせっかちだ。ただ、勝利の喜びは個人的なものだから、ひとりで味わうべきだと思っている。勝利を誇示することには嫌悪を覚える。自分をひけらかして、賛美者や敗者よりも高いところに立ち、自分がいちばんだとはっきりと見せつけるような振る舞いは嫌いだ。結局、勝利とは心のうちの、個人的な、表現しようのないものでしかない。そういう意味では、敗北と変わりはない。

セレモニーとか象徴は、レースを駄目にしてしまうものだ。そしてハードロック一〇〇は、このことを完璧に理解している。そうしたものを排することによって、煩雑な手続きや無用な飾りのないただのレースになる。

スタートの号砲が鳴った翌日には、全員がゴール地点の——そしてスタート地点でもある——シルバートンで、最後のランナーがフィニッシュラインに入り、終着点に置かれた岩にキスするのを待つ。そう、岩だ。ここにはテープが張られたアーチのような一般的なゴールはない。代わりにオオツノヒツジが描かれ、ハードロック一〇〇のロゴが刻まれた二平方メートルの荒々しい岩がある。軽食のあと、ランナーやボランティアなど全レース関係者が学校の体育館に集まり、その週末のすばらしい経験を祝う。制限時間である四八時間以内に岩にキスしたランナーには認定証が与えられる。チェックポイントのボランティアとペーサーも呼ばれ、讃えられる。この競技では全員が何かの役割を果たしている。全員が等しく重要で、不可欠な存在だ。全員がこのスポーツと山への愛を祝福する。競技とはこうあるべきだと思う。

ウルトラトレイル・デュ・モンブラン（UTMB）

近ごろでは、スカイランニングは知名度が上がり、メディアの注意も引くようになっているが、一〇年ほどまえには、それをやっているのはたった四人だった。変化が起きたのは二〇〇六年にアントン・クルピチカがコロラド州で行われる一〇〇マイルの競技で最も権威ある大会のひとつ、レッドヴィルで優勝したときだ。二〇代の若いランナーだった彼は、ミニマリストらしいスニーカーに短パンを身につけ、上半身裸の焼けた胸をさらし、ブロンドの長い髪を風になびかせていた。彼は自然の近くで暮らし、他者との衝突を避けるという哲学を体現していた。なぜなら、彼によれば最も大切なものは個人的な探究なのだから。アントンの勝利とそのメッセージは、二〇年近くパイクスピーク・マラソンの第一人者だったマット・カーペンターが前年に打ちたてた驚異的な記録よりもさらに大きな注目を集めた。

その二年後にはカイル・スカッグスがハードロックの記録を破り、同年のＵＴＭＢでぼくが勝った。この競技には新しい若い風が吹きこんでいた。二〇〇六年には、『BORN TO RUN 走るために生まれた』（クリストファー・マクドゥーガル著、近藤隆文訳、NHK出版）も出版された。簡素なサンダルを履いて一〇〇マイルもの距離を走る、メキシコのタラウマラ族の歴史を書いた本だ。そして二〇〇六年はまた、すべてのレースと男性ランナーを倒した女性ランナー、アン・トラソンと、あらゆる長距離レースを走ったスコット・ジュレクの年でもあった。ディーン・カーナゼスの『ウルトラマラソンマン』（小原久典・北村ポーリン訳、ディスカヴァー・トゥエンティワン）が出版され、都会人や起業家はトレイルランニングの存在を知り、人混みを離れて困難を引き受けることを意識するようになった。さまざまな場所で行われているレースやこうした出来事によって、その後数年でトレイルランニングは大きな成長を遂げた。とはいえ、人類は何世紀ものあいだ山を走ってきた。古くは一〇四〇年に、スコットランドのマルコム・カンモア王が、自らの使者を選抜するために丘を走る山岳レースを行っている。

ぼくが競技会で走るようになった二〇〇二年には、スター選手のファビオ・メラルディが生涯最高のシーズンを迎えていた。ブルーノ・ブルノやマット・カーペンター、リカルド・メヒア、そしてアドリアーノ・グレコらとともに、マリーノ・ジャコメッティが一九九三年にスカイランニングと名づけた競技を行い、世界の重要な山々を走っていた。ぼくはこうしたスカイランナーたちに畏敬の念を抱き、いつか競技に加わることを夢見ていた。二〇〇七年に、ぼくはスカイランナーワールドシリーズとピエラメンタで優勝した。それから、長距離を走ってみたいという好奇心が芽生えた。ヨーロッパでは、二〇〇三年に始まったＵＴＭＢは長距離を走るすべてのランナーが憧れと敬意の交じった眼差しで見る大会だった。

最初にワールドシリーズを制したときには、自分の人生が劇的に変わるとは、しかも違うスポーツをするようになるとは思っていなかった。一夜にしてメディアの注目を浴び、もう無名な人間としては生きていけなくなった。そのときに、トレイルランニングと、その周囲のあらゆるものとの愛憎入り交じった関係が始まった。レースはブランドやランナーが自らを展示するショーウィンドウだ。あまりにメディアの関心を集めすぎて、このスポーツの根本的な要素である自然や、それに沿って生きる共同体への敬意を忘れてしまうこともあった。

フュリ・バーティカルキロメーター

栗の匂いは嘘をつかない。いまは秋の盛りだ。七〇〇人ものランナーがいるのに、小さな町のレースに特有の楽しげな雰囲気がある。全員がたがいを知っている。事実、多くの人は、フュリ（ぼくたちはこのレースをそう呼ぶ）があるからこそ、年に一度ここに巡礼に訪れる。夏の努力の成果を冬に出すための確認に使う人もいれば、忙しかった数カ月の締めくくりにする人もいる。

バーティカルキロメーターは一切ごまかしが利かないレースだ。この大会では、自分を偽ることはできない。力があればいいタイムが出るし、力がなければどんなテクニックや戦略でもそれを隠すことはできない。だからこそ競技は面白くなり、厳しい準備と多大な献身が必要となる。

そしてレース当日にはコンディションを整えて臨まなければならない。

このレースはすべての山岳アスリートにとって試金石となる。一〇〇メートルが短距離ランナーの、一万メートルが長距離ランナーの試金石となるように。全員が一〇〇〇メートルの高さを登るのにどれくらいの時間がかかるか、そして一時間で何メートル登れるかはおよそわかっていて、それが計算の基準になる。「一時間に六〇〇メートル登れば、この山頂に達するのに約三時間だ」といったように。ラインホルト・メスナーは一〇〇〇メートルを三五、六分のペースで登った。また一九九〇年代からは、特別なトレーニング法を取りいれ、さらに時間を短縮する選手が増えている。フュリはこの競技のオリンピックだ。二〇年前から、あらゆるレベルのランナーがこの大会での結果を反論の余地のない実力の証ととらえている。それはすべての人にあてはまる。ほとんど無理だと思えるあと数秒を削ることに執念を燃やす最上位のエリート選手から、年をとっても体型を維持していることに満足している老人たちまで。そして若くハングリーで、年々記録を詰めている選手も例外ではない。

スタートの一時間前にウォームアップを始める。ほかのランナーを見ながらジョギングし、彼らがブドウ園のなかに消えていくのを見る。スタート地点に向かい、脱いだジャケットを隅のほうに置く。見上げるとレースで走るコースの先、一〇〇〇メートル上のところに、平行に走っている二本の線路がある。時計を見てスタート時間が近づいていることを知ったら、ランナーたちの列に加わり、最近の町の出来事を聞く。目の前にいる人のほうへ歩み寄るが、その人の言葉は途中で途切れる。もうスタートのカウントダウンに気を取られているからだ。自分の順番が来ると、トレイルの端にひとりで立つ。さっきまでヴァルテッリーナの夏の収穫や先週のレースの結果について話していた友人の姿が丘へと遠ざかっていく。今度は自分が後ろの列の人との会話を切りあげる番だ。カウントダウンに集中する。ゴー！　すぐに、だが興奮しすぎることなく出発する。ペースを探る。勝利を目指して一歩ずつ進むが、脚を上げてつぎの一歩を踏みだすたびに吐きそうになる。一〇〇メートル、二〇〇メートル、三〇〇メートルが過ぎていく。知らないうちに六〇〇メートル、七〇〇メートル、八〇〇メートルに達している。九〇〇メートルの標識には指で触れようとする。全力疾走しようとするが、両脚に乳酸が溜まっていてできない。上を見て、下を見て、白い線を通過して地面に倒れこむ。深く息をする。脚は爆発しそうだ　回復はいつもより遅く、すべてが平常の状態に戻るまでは話すこともできない。起き上がると　脚がジェルの容器のようにぱんぱんに膨らんでいる。壁にかかった黒板に書かれた自分のタイムを確認する。満足でも不満でも、それを心に留める。

　自分を相手に走っているとき、勝つのも負けるのもすべて心の内の出来事だ。喜びや不満を心に刻みながら、静かに仲間たちと丘を降りていく。下で待っている焼き栗を想像する。ほかのことはあとでゆっくり考えればいい。

ピエラメンタ

フランスではどのスキー場にもあり、生活に必要なものがすべて揃った少し退廃した雰囲気のコテージに、ボーフォール・チーズの匂いが充満する。毎年三月の第三週に、そこの窓は派手な色のスキーウェアのショーケースに変わる。テラスには照りつける太陽にうってつけのビールがある。冬の最も寒い季節が終わると、太陽は強く照らしはじめる。室内には空っぽの水筒が置かれ、ランナーたちがベッドに寝ころがって脚を伸ばし、その日のステージの疲労から回復するためにマッサージをしている。二〇一八年の三月半ばのある日、午前一〇時、彼らはその日のレースに満足しつつ、それぞれのやりかたで楽しんでいた。いや、全員ではない。まだ周囲の山から戻っていない選手もいる。どうにか足切りを回避して翌日早朝のスタート時間に間に合わせようとしているのだ。友人のひとりによれば、ピエラメンタには三つのカテゴリーがある。表彰台を狙うエリート、最終結果の一覧表の一ページ目に載ることを目指す選手、それから、レースが行われる四日間、毎日のステージを完走することで精一杯の選手。この友人は、これまでにこの三つをどれも経験している。ピエラメンタはサヴォワ地方のアレッシュ・ボーフォールのスキー場で行われ、三〇年にわたり山岳スキーを代表する大会とみなされてきた。

進歩するために必要な変化もある。一方で、変わらないことが魅力になっているものもある。すべてが理想的だったと思える過去に戻ったような気持ちになれるからだ。退廃と伝統の薫り漂うピエラメンタは神話的なスポーツイベントだといえる。ここでは、ほかの場所なら我慢できないような間違いでも受けいれられる。それもこのレースの独特の味わいのひとつで、最高の大会である理由だ。そういうことがあるからこそ、山岳スキーは困難で、危険な冒険なのだと改めて感じることができるのだ。ここではまるで聖地巡礼のように、毎年積み重ねられてきた伝統が保持されている。スキーウェアがバルコニーに並んで吊されている午後や、教区を訪れてくれたことを感謝して神父が吹くハーモニカ、ボーフォーテンの山々。ステージの終点では、ファンや記者たちの後ろに邪魔にならないようにダニエルというボランティアが待っていて、スキーを預かって翌日のためにワックスをかけてくれる。彼は見返りなど求めず、選手が表彰台に立つ助けができたことをひとり静かに喜ぶだけだ。木曜の第二ステージのあと町の小さな食料品店に行って、選手たちは午後の楽しみのためにクッキーを買いだめする。大会が始まって何日か経ち、疲れてきたころにエネルギーを補充するためだ。水曜日には、自分のナンバーカードを取りにいくと必ず同じボランティアがいる。ピエール＝イヴはすべての選手が出発前の控え室に入るまえに、ARVA――雪崩に埋まったときに見つけるための発信器――を渡す。彼は午前三時に起きてヘッドランプの明かりを頼りにコースを確認している。こうしたなじみの顔に出会うと、ぼくたちはたがいに悪だくみの仲間のような笑顔を浮かべる。それもまた、ピエラメンタに来たのだと感じさせてくれることのひとつだ。

二〇一八年の春には、残念ながらアレッシュ・ボーフォールのホールでほかの選手たちと一緒にポレンタを食べることはできなかった。ぼくはそこから三〇〇メートル離れた病院でベッドに横になり、医師が差しだしたX線写真を見ていた。

「腓骨が折れているね。くるぶしの炎症が治まってきたら、靱帯の損傷がないかMRIを受ける必要がある。わかっていると思うけど、こんなときはたいてい靱帯に問題が生じるからね」

まえの晩には勝利を祝う自分の姿を早くも想像していたくらいだから、思ってもみないことだった。だが落胆はしていなかった。ただの骨折なら、通常は影響があとに残ることはない。シーズン序盤の遠征やレースは取りやめなければならないが、トレーニングや登山はすぐに始められるだろう。チームメイトのヤコブ・ハーマンには悪いことをした。この大会には初参加だったのに、ぼくの転倒のせいで優勝を逃してしまった。

レース最終日はすばらしい天候で、いくらか難しいコンディションだった。主催者はレースの権威を見せつけるかのように、簡単なコースを選ばず、スキーでは下れない雪のダウンヒルを多く取り、レースしづらいルートに設定した。ヤコブと一緒に滑るのはこれでまだ二度目だったが、チームワークは完璧だった。後続にわずか三分余りのリードでファイナルステージを迎えていたが、ライバルはスタミナを消耗しているのがわかっていたので自信があった。朝、ぼくたちは静かにスタートした。登りの区間では余裕があったので、下りでリスクを負うことがないようにペースを上げた。登りきったところで、後ろのチームを三分離していた。雪は激しく降っていたが、年に一度この大会を訪れる数千の観客は変わらずに応援してくれていた。ぼくたちが手を振ると、歓声と称賛の声が大きくなった。

遅すぎも速すぎもしないスピードで、大きくターンしながら下っていった。ターンのとき、スキーが雪の下に埋まったような感覚があった。足がつかえ、身体が片側に倒れた。起き上がって降りつづけようとしたが、立ちあがると、脚に猛烈な痛みを覚えた。左側にあまり体重を乗せないように慎重に降り、トランジション・ポイント〔登りと下りの転換点。クライミングスキンの着脱を行う〕に着くと、ヤコブがつぎの登りのために待っていた。クライミングスキン〔斜面の登りでスキー板の裏に装着し、後ろに滑らないようにするシール〕を貼り直してもらいながら、ヤコブに身体を痛めたと伝えた――程度はわからないが、怪我をしたみたいなんだ。登りはじめると、脚全体が痛んだ。膝か？　骨か？　靭帯か？　痛まないように注意して何歩か進み、その努力でしばらくは痛みが和らいだようだったが、斜面を数百メートル登るとルートは蛇行しはじめ、曲がるときに地面に足をきちんとつくことができなかった。踏みこんで、脚に体重をかけるたびに何かが身体のなかでねじれているように音が鳴った。ヤコブは手を貸そうとしたが、できることは何もなかった。

「棄権しようか？」

「いや」とぼくは答えた。「このまま行こう。暖かくなれば大丈夫だと思う。頂上まではあと二、三〇〇メートルだ」

もう少し進んだ。まだほかの選手たちに追いつかれてはいないものの、近づいてきていた。一歩ごとに、押し殺そうとしても痛みの声を上げてしまった。あと数メートルさらに進もうとしたが、もう動けなくなった。脚は身体を支えられず、痛みでめまいがした。夢の達成まであとほんのわずかのところだが、自分の手で触れるには天文学的な距離だった。ぼくはトレイルの脇まで自分で動き、スキーヤーたちがそれぞれの個人的な勝利に向かって通りすぎるのを眺めた。

ピエラメンタでの四日間のレースにはじめて参加したのは二〇〇七年、わずか二〇歳のときだった。シニアのカテゴリーで大会に参加したのもそのときがはじめてで、実力はともかく、まだ自制心が足りなかった。スカイランナーワールドシリーズの大会ではスタートして四番手につけていたが、経験豊富なランナーにペースを合わせていたら最後の下りで抜かれてしまった。シニアとしての二戦目、スイスのヴァレーでのワールドシリーズでは、最後の登りで地元ランナーのフローラン・トロワイエを抜き、フローラン・ペリエ、グイド・ジャコメッリというふたりのライバルを破って勝者の王冠を手にした。レース後、フローラン・トロワイエはぼくのところに来て、ピエラメンタのチームは決まっているのかと尋ねた。何を言われているのかわからず、ぜひ行きたいと思っていて、たぶんフランス人かスペイン人のチームメイトを見つけることになると答えた。フローランはとてもシャイで口数が少なかった。ぼくがとても好きなタイプだ。それから数年間、すばらしいチームになれたのはそのためだろう。彼は何も言わず、どちらかが口をきくのを待ちながら、ぼくらは黙ったまま顔を見あっていた。しばらくしてようやく、自分と一緒に出場しないかと彼は言った。ぼくは嬉しくて内心で小躍りした。最高の山岳スキーヤーのひとりが世界最高のレースでぼくと一緒に競技したいと言ってくれているのだ。

その年の三戦目、アレッシュ・ボーフォールに着くと、フローランとぼくはすぐにストレッチのためスキーで出かけた。一時間後、彼はぼくに向かって声を上げた。

「スピードを上げようか？」

考えるまでもない。行こう！　彼のあとについて四、五回加速し、それから共同で借りた部屋に入った。翌朝日が昇ったときから、競技の四日間はずっと晴れていた。

ぼくたちは各ステージを滑っているあいだもほとんどしゃべらず、ときどき登り坂で「ゆっくり、そっと登ろう」といった声をかけるくらいだった。部屋での長い午後もあまりしゃべらなかった。ときどき、トレーニングに関する面白いこととか、ごくまれに沈黙を破って思ったことを話すくらいだった。何も話さなくても誰かと一緒に居心地よく感じられることもあるのだ。

初日から、聞かなくてもたがいが求めていることはわかっていた。ペースの上げ下げや、ドリンクやジェルの摂取が必要になったとき。助けなくてはならないとき。話したいときや、静かにしていたいとき。ベテランの選手たちは、山岳スキーのレースでは、ペアはスタートのときは友人だが、フィニッシュラインを越えると兄弟になるのだとよく言う。これは本当のことだ。ぼくたちは、まさにそれにあてはまった。

とくに興奮するでもなく、当然のことのように、ぼくたちは第一ステージで勝ち、翌日の第二ステージでも勝った。三日目も同じだった。四日目の出発のときは、あまり自信がなかった。これだけ長いレースでは、どれだけ優位に立っていても、終わるまでに何かが起こる可能性がある。

だが運よく、このときは何も起こらず、ついに信じられない思いでフィニッシュのアーチを迎えた。とても嬉しかった。感情が身体のあちこちに現れてきた。足元から震えが上がってきて、心臓に達し、アドレナリンが爆発した。きっと脛《すね》の骨を折っても、拳を石壁にぶつけても気づかなかっただろう。心臓から頭まで達し、それが身体中を駆けめぐった。チームレースでこんなふうになるのは、とても特別なことだ。エゴは最高潮に達しているが、アドレナリンが希釈されてある種の愛のようになっている。それは重要な瞬間を共有していること、そして何よりほかの人を幸せにすることができたからだ。これが幸せな数年の始まりだった。フローランとぼくは強力なチームになり、また個人的にも、ぼくはスキーとランニングの両方でたくさんの勝利を収めはじめていた。

そのピエラメンタの前年、ぼくは勝ちたいという強い思いをはじめて抱いて、シニアのカテゴリーでヨーロッパの大会に出場した。意外にもそこで優勝できたことで、自分はもっとやれるし、重要なレースを勝てると気づいた。その後スイスのヴァァレーでも、スカイランナーワールドシリーズのデビュー戦となったはじめてのピエラメンタでも、二〇代に入ったばかりで迎えたゼガマでも、それから数年のさまざまなレースで同じ感覚を覚えた。

だが、フィニッシュラインをまたぐときの興奮はしだいに小さくなり、アドレナリンの放出をそれほど感じなくなった。幸福な酔いから醒め、ただ満足のために競技するようになった。もう満足は十分だと思うこともあったし、勝利の強烈な感覚がルーティンになってしまうと、幸福は変わりばえのしないありふれたものになっていった。だがそれでいいとは思えなかった。その気持ちを表現するとしたら、カルヴァンやホッブズの「わたしには幸福では足りない！　高揚を求める」という言葉がぴったりだ。

失われた感覚を取りもどそうとしたあと、もう成り行きにまかせたほうがいいと気づいた。いまでは、過去の幸福を振りかえってばかりでは現在の可能性が見えにくくなってしまうと思っている。よい記憶は心地よい後味を残す。そして脳はそれを味わう邪魔になるものをつねに隠してしまう。興奮を感じないことがあったとしても、レースで全力を尽くすのに問題はない。世界クラスの大会で歯を食いしばって戦ったあとも、せいぜい自分の力はまだ落ちていないと確認して満足するだけだとしても、自分で納得していればいい。それだけで、自分のすべてを捧げるのに十分すぎる報いだ。

そう思ったとき、大きな荷物を肩から降ろしたように感じた。高揚を感じていなくても、がっかりしなくてもいいのだ。バケイラ・ベレットで行われた最初の大会で、最後の登りでリードを奪っていたのに、ブーツが壊れて表彰台に上れなかったとき、泣いたことをよく覚えている。ワールドチャンピオンシップで、二分以上リードしていたのに下りの最初のターンでビンディングが壊れたときは、もう人前に出られないと思った。怒りくるって、一週間運を呪いつづけた。そんな不本意な出来事も、いまでは懐かしい思い出だ。

ぼくが毎年ピエラメンタに出場する本当の理由は、自尊心を満たすことではなく、ボーフォール・チーズの匂いやコテージのテラスに差す午後の陽光など、さまざまなものが心を満たしてくれるからだ。森へ出かけ、グランモンの尖った尾根を登り、近づいてくる人々のざわめきを聞くこと。

ぼくたちが本当に求め、そのために何度も戻ってくるのは、こうした小さなものの組み合わせだ。勝利はケーキに載ったチェリーだ。だが、本当に大事なのはしっとりとしたバターや高品質のジャムだということを忘れてはならない。ケーキを切ったとき、チェリーを食べられるのはひとりだけだ。あとあとまでその味を覚えているのは勝者だけだが、誰でもジャムの甘い後味のことを思いかえすことができる。

シエール・ジナル

まもなく日が昇る。まだ眠気の取れない明け方の冷たい空気のなかで、足早に歩く音と眠そうな声が低く響いている。足音のひとつはぼくだ。例年どおり、バスに乗り遅れないように早起きした。レース用のウェアの上にジャケットを着て、空いている座席を探す。腰を下ろして背もたれに寄りかかると、バスは動きはじめた。峰のあいだのスイッチバックを進むバスの揺れで眠ることができない。上手な運転だが、氷河と谷間の端にあるジナルから、ヴァレーの平原にあるシエールの町までの二四キロを行くのに五〇分かかる。シエールにはブドウ園や工場、中世の城、そしてぽつぽつと小さな村がある。自然豊かな緑とハイウェイの音のコントラストがあり、雪を頂いた高山から流れ落ちる川の音だけが静けさを破る。一〇年前にはじめてこのバスに乗ったときには、かなり神経質になってしまった。興奮しすぎていたし、失敗を恐れてひと晩眠っていなかった。それ以来、スポーツによってぼくの性格は面白いほど変わった。いまでは熱くなることなく重要な目標に取り組むことができるが、以前は神経過敏で、レース中はいつも気持ちが高ぶっていた。

一七歳のとき、ヨーロッパ山岳スキーチャンピオンシップがアンドラで行われた。家から近く、驚いたことに前年ユースの世界チャンピオンになっていたので、自分でも出てみたかったし、みんながぼくに出てほしいと思っていることも知っていた。必死で準備をし、それまでなかったほどトレーニングした。そのころのある日、ぼくは実際にスキーを背負ってモンテッラを出発して、自転車でラ・リョサ川の谷を渡り、そこからは徒歩とスキーで進んだことがあった。モンマルス山からアンドラに入国してカニーリョまで行き、急斜面のルートで数回練習してから家に帰った。

レースの日が来て、前日一睡もしていなかったぼくはチームと一緒に一時間前にスタート地点に向かった。急いでウォーミングアップをして、スタートの準備はできた。この急斜面のレースではひとりずつスタートするため、レース中はペースの確認ができない。戦略など何も知らなかったから、ただスタートからゴールまで全力で滑るだけだった。スタート地点の列が少しずつ短くなっていく。やる気を高めるために選んだ一〇曲を聴いていたヘッドフォンはもうはずしていたのに、周囲の状況は目に入らなかった。意識はすべて、ビービービーという音とともに一分間隔でスタートする、前に並んだユースの選手たちに向けられていた。ビーと鳴るたびに鼓動が高まり、心臓が口から飛びだしそうだった。ひとり前の選手が猛スピードで飛び出していき、雪にスプレーされた赤いラインの前に自分だけになると、心臓が止まりそうだった。しだいに心拍は落ち着いたが、鼓動が目の前で破裂する爆弾のように思えた。レフェリーから何か声をかけられたが、理解できなかった。ビー！　ぼくははじめて前を向き、競争相手の速度を測ろうとした。ビー！　寒いのに、手には汗をかいており、鼓動に合わせて全身が揺れた。ビー！　スタートのシグナルが消えた。両脚の力が抜けてしまったようだった。そこに倒れるのではないかと思ったが、身体が無意識に反応していた。いつものように筋肉が働き、伸縮していた。速く進んでいる。速すぎるほどだ。一〇〇〇メートルを全力で滑ったのだが、その先に一〇〇〇メートルの登り斜面が待ち受けていて、不必要に力を使いすぎた代償をすぐに払うはめになった。運よく、最後には少し回復して序盤の無理を埋めあわせた。思考力のせいというより、神経が高ぶってしまったせいであやうく負けるところだった。

いま、ぼくはバスのなかで目を開けていられなかった。競技への情熱はまだあるが、あのころの神経の高ぶりや緊張はすっかり消えた。眠ってしまわないように、八回参加して、もう知り尽くしているレースとルートのことを考えはじめた。

いちばん参加したくない山岳レースはどのようなものかを説明するとしたら、あまり長くないレースと答えるだろう。ダウンヒルやトレイルでの長い直線がないものや、幅の広い土のコースや、何キロもの平らな区間があるもの。トレイル上の岩や難しい部分がなく、誘うような山頂があるのに、それはただの飾りで、高いところへ近づくことなくその麓ばかりを走るレース。こうした条件にあてはまるレースがあるとしたら、それはシエール・ジナルだ。それなのに、ぼくはこのレースに夢中になっている。

たぶん、こうした点こそぼくがこのレースに惹かれているところなのだろう。心地いいと感じられず、ランナーとしての弱点に直面し、それを克服しなければ勝てない場所での走り。ぼくにとって、それこそがレースに意味を与えてくれる——困難を探し、それを引き受けることこそが。そして好みとは正反対のコースであるために、ぼくはその困難に関心を失わずに立ち向かうことができるのだ。運営は完璧で、レースとしての歴史も長い。世界最高のスペシャリストが毎年やってくる。マウンテンランニングの選手もロードランナーも、スカイランナーもオリエンテーリング競技者も、それぞれに得意と不得意のあるコースに集まる。高い尾根が好きなぼくたちには平地が多すぎる。マラソンで二時間一〇分を切るようなランナーには坂が多すぎる。マウンテンランニングの選手やオリエンテーリング競技者には長すぎる。長距離ランナーには短すぎる。わかってもらえるだろうが、これだけさまざまな参加者が集まる場合、これこそ全員にとって見せ場や苦しみ、望ましくない要素を備えた理想的なセッティングなのだ。だからこそぼくたちはこのレースのナンバーを背負う。

スタート地点では、不安と楽しい興奮が交錯する。笑顔の選手もいれば、数センチでも前へ出てラインの近くに場所を取ろうとしている選手もいる。ぼくはあまり前へ出ることはなく、スタートでごちゃつきそうなときやスタート後すぐにコースが狭くなるとき、倒れてしまいそうなときだけ一列目に並ぶ。だいたいは、二列目か三列目にいるのがいい。猛烈にスタートして押してくる選手もいるし、山岳スキーでは、誰かが事故でポールを折ったり、クライミングスキンを剝がしてしまったりする。さらに、一列目にいるとランナーの不安は高まる。実際よりも重要なことをしているように感じてしまうし、必ず記者がいて、笑顔やポーズ、つまらない言葉を要求する。

ホーンが鳴り、選手たちが雪崩を打って走りはじめる。三列目にいたぼくは六、七列目まで下がる。誰もが前に出ようとして、肘でぼくを押しのけて全力で走っていく。両腕を少し広げて自分がバランスを保って走れるスペースを確保し、速度を上げてペースを定める。一〇〇メートル走ると、前にいた五〇〇人ほどの選手のペースが明らかに落ちる。道の片側によけて彼らをかわし、リードしているグループを追う。

一キロほどで、急斜面のダートに入る。ほかのレースでも走ったことがある知りあいのランナーばかり一〇人ほどの集団になる。数人のケニア人選手、コロンビア人ふたり、ウガンダのペトロ・マム、スコットランドのロビー・シンプソン、そのほかのヨーロッパ人やアメリカ人。急斜面の途中で、ほんの二週間前に行われたＩＡＡＦ〔国際陸上競技連盟。現ワールドアスレティックス〕のマウンテンランニング・ワールドチャンピオンシップで勝ったペトロが、何度か強烈にペースを上げて集団を引き離しにかかった。数度のアタックで彼は抜けだした。まだレースは長い、こんな早い段階で力を使うとあとに響いてしまう。マウンテンレースが専門でマラソンでは二時間八分の記録を持つケニア人のひとりジェフリー・ンドゥングと、シエール・ジナルに毎回出場しているコロンビア人のウィリアム・ロドリゲスが彼を追った。その後ろで、ぼくたちは懸命に走った。ふくらはぎの筋肉には乳酸が溜まり、肺は胸のなかでより多くのスペースを求めた。先頭の三人とは一分ほどの差で、それ以上は開かなくなった。

登りの終わりに達すると、森のなかの長い直線に入った。ここはいつも、マウンテンランナーであるぼくの脚が疲労し、ガゼルのようなロードランナーに囲まれたカタツムリの気分を味わう区間だ。ところが驚いたことに、集団はいいペースで走り、レースの中間点にあたるシャンドランの入り口で前を行く三人に追いついた。町と平らな一〇キロの区間をあとにし、トレイルに沿ってレースの最高点となる標高二五〇〇メートルのホテル・ヴァイスホルンへと登っていった。ここはぼくに、自分が速いランナーではなくトラクターのようなものだと思いださせる。道路に慣れたランナーたちはまるで飛んでいるかのように空中を突き進む。頭のなかでは賢明な声が、ペースを落としてコンフォートゾーンに留まれと告げているが、ぼくはまるで耳を貸さずに脚の重さと戦いつづけ、少しでもストライドを伸ばしてより速く脚を前に出そうとする。ホテルを過ぎれば自分に適した区間が来ることはわかっているので、一、二分懸命に走り、レースの最高点の手前にある小さな登り坂でウィリアムとペトロをかわす。彼らは序盤で力を使ったことがこたえてきたようだ。

ホテル・ヴァイスホルンの前を駆け抜けたとき、前には一分の間隔を置いて三人のランナーがいた。目を上げている暇はないが、周囲の山を行く人影が目の端に映った。牧歌的な、スイスのポストカードに描かれる典型的な風景だ。明るい緑の草原に立つログキャビンがあり、牛がそこかしこで草を食べている。ジナルロートホルンとオーバー・ガーベルホルンの鋭い尾根が見え、その後ろにマッターホルンの完全な三角形が控えている。西には、（ホテル名の由来となっている）ヴァイスホルンの北壁が谷に向かって輝き、その右にはデントブランシュが影を落としている。その山々で過ごした楽しい時間を思いだし、レースへの集中を失わないようにした。あれこそぼくが本当に愛しているものだ。いったいなぜこうして苦しみ、あのガゼルたちを捕まえようとしているんだろう？　だが、ぼくの脚がその答えを知っていた。一歩ごとにスピードを上げてタイムを縮めようと走りつづけた。心の奥で、自分が競技という、この愚かで単純な行為を愛していることを知っていた。また意識を集中する。まもなく好きな下りの区間だ。ここではマウンテンランナーとしての技術でほかのランナーよりも優位に立てる。

少しずつ差は縮まり、ジェフリー・ンドゥングとコロンビアのホセ・ダビド・カルドナをかわし、そしてついにフィニッシュラインの三キロ手前で、ロードでも山岳でも最も才能と実績の豊富な若手ランナーのひとり、ロビー・シンプソンを抜いた。

慣れ親しんだ感覚がやってきた。休まず、だが勝利を確信して、ゴールまでの残りを走りきった。

レースは終わった。息を整え、記念撮影をした。立ちどまってセルフィーやサインに応じながらドーピング検査に向かった。

「おめでとう！　あなたはすごいわ！」。誰かの声がした。

四〇歳くらいの女性だった。汗をかき、短パンを穿いているので、レースはどうでしたかと尋ねた。

「そうね。すごくしんどかった。わたしはあなたの倍、五時間かかったわ。教師をしていて、それほどトレーニングの時間が取れないの。週末か、ときどき平日の午後に走るくらい」

ぼくは心から彼女の成績を祝い、検査室へ向かった。数メートル歩いたところで誰かが前を横切った。

「たいしたもんだね！」。ぼくと同じくらいの年齢の男性だ。シャツの下から幸せそうに膨らんだ腹がのぞいている。「ぼくには距離が長すぎる。スポーツをしたことはなくて、去年ここで山小屋《シャレー》を建築していたとき、仕事仲間と一緒にレースを見て、絶対に参加すると誓ったんだ。でも二〇キロが限界だった。あとは歩いてきたよ。でもきみは……まるで宇宙人だな」

ようやくドーピング検査室のある建物に着き、椅子に倒れこんで、水分の抜けた身体から検査に必要な九〇ミリリットルを出すためにペットボトルの水を飲みながら、ここに来るまでに交わした会話のことを考えた。彼らは無名の、そしてある意味で遅いランナーだ。

ぼくにとって、走ることも、速く走ることも難しいことではない。勝つことはそれよりも困難で、長時間のトレーニングと努力を要する。だが、傲慢だとは思ってほしくないのだが、しだいに勝つことも比較的簡単になってきていた。ぼくは一日中ずっとそれしかしていないのだし、ほかに考えなければならないこともない。ぼくは走ることで収入を得ている。この日は数千ユーロを稼いだし、勝つことでスポンサーになりたいと希望するブランドも現れる。ところがあの先生や建築現場で働く男性は、ニュースに載ることもサインを求められることもないだろう。とても逆説的なことに思える。ランナーなどいなくても世界は変わらない。だが書きかたや計算を教える人や住む場所を建ててくれる人がいなければ、生きることはかなり困難になるだろう。

自己嫌悪に陥った。今日、ぼくは意味のない活動でお金を稼いだ。人々の関心を集め、子供からも大人からもただひとり称賛された。けれどぼくがしたのは、ほかの人々より脚を前に運ぶのが速かったというだけのことだ。ぼくにとって、たしかに走ることはすべてだ。だが外の世界では、それはやはり無意味な行為でしかない。

キリアン、そんなに簡単に割り切るもんじゃない。

スポーツには社会的な役割などないと思っているわけではない。ローマ時代から人々の娯楽だったし、近代になって健康が重視されるようになると、身体によいライフスタイルや食事、運動を促し、勤勉や規律によって得られるものを示す基準になった。だが現在では、スポーツはその源流である、ローマ時代のサーカスの見世物に戻っているように思える。スクリーンの前にいる数百万の観客が、曲芸を披露する少数のアスリートを、ビールを飲み、ジャンクフードを食べながら観ている。

競技スポーツも過大評価され、ますます人間の性質の暗い側面をさらし出している。収益化と神話化によってスポーツは古代の見世物と変わらないものになり、単純化され、競技の結果による階層化が進んでいる。オリンピックでは、大事なのは表彰台のどこに上るかであり、優勝者は視覚的にも二位と三位よりも上に位置し、この三人がほかの選手の存在を見えなくしてしまう。結果と勝者しか人々の記憶に残らない。また、国家は自国のアスリートの成功を国家主義的な言説を強化するために使う。衰退しつつある国でさえそうなのだ。登山では山頂に旗を立てることが勝利のしるしになるのと同じように、世界選手権やオリンピックでは国の象徴がプロパガンダの道具になる。

選手たちは、勝つことで二位の選手よりもすばらしい人間になれると考えるようになってきている。誰もが褒めたたえ、祝福してくれるからだ。それによって契約を手に入れ、人よりも大きな名声を得たという幻想を味わう。だがこうした流れのなかで、スポーツは本質を見失って大きく変質し、選手はどんな代償を払っても勝つことに執着するようになった。誰もが選手としての技術を持っているが、不正への誘惑は大きい。勝利の可能性を高めるために試合のルールを破る選手はつねにいる。だが、それはもちろん無益なことだ。

ありがたいことに、ぼくが行っているスポーツはアマチュア性をしっかりと残している。ほかのスポーツではアスリートのパフォーマンスよりも世間の注目や評判のほうがはるかに重要だと考えられ、一流チームや大国がドーピングに手を染めていたころにも、そんな時代の流れには追随していなかった。

登山では、勝利にはより大きな栄誉が与えられるため、アンフェタミンやコルチコステロイドなどの薬物を使用したり、酸素を吸入する登山者もいるが、トレイルランニングや山岳スキーは目立たない少数派のスポーツで、影響が及ぶ範囲も観客も少ないいくつかのメディアチャンネルに限られている。たぶんそのために救われたのだろう。だが、今世紀最初の一〇年間に、マウンテンレースやウルトラトレイル、そして山岳スキーの世界でもいくらかの変化が起こった。伝統的なメディアよりもSNSによって人々の関心が集まるようになり、少数派のスポーツにも場が与えられた。トレイルランニングは大きく変化した。この革命で、チャンピオンは神話化され、勝利の感覚が歪められ、勝者は力を持つようになり、不正な競技者が現れはじめた。

シエール・ジナルの数カ月後、ペトロ・マムがスイスでそのレースに参戦する二週間前にワールドチャンピオンシップで禁止薬物を摂取したとして六カ月の出場停止処分を受けた。誰かがドーピング検査に引っかかったとき、ぼくは自分が勝っていたはずなのにと怒ることはない。ただ彼らのパフォーマンスが本物ではなく、妥当な基準とできないこと、またスポーツ全般にとって悪い例となることを残念に思うだけだ。

そのために、ぼくたちは強くなり、ドーピングに対する戦いを支持しなければならない。完全な解決は難しいだろうが、最も重要なのは自分たちの限界を知ることだ。ドーピングや不正に対する最大の武器は、スポーツを神話化しないこと、そして表彰台をなくすことだろう。英雄なんて、どこにもいないのだ。

すべてを白と黒に分けることはできない。オリンピックの方法と現行のシステムが競技の価値を歪めたことはたしかだが、それによって多くの進歩やたくさんの投資がなされ、第一線の競技者が現れただけでなく、バイオメカニクスの研究やすばらしいトレーニング方法の開発など大きな発展があった。クライミングウォール〔人工壁〕はクライミング技術を習得するための基礎的なツールになった。難易度の高いサーキットを使うことで、山岳スキーでクライミングスキンを着脱する練習ができるようになった。準備された斜面でのバーティカルレースによって、負荷をかけて身体能力を改善することができる。それは、ただかつてのように山で滑るだけでは不可能なことだった。アスリートがテクニックを使うことで潜在能力を発達させる場面がなかったからだ。だが、それらはパフォーマンスや上達のために必要だという点で面白いものではあるものの、スポーツの究極の部分と混同してはならない。もしも、「山岳スキー」という言葉でまっさきに思い浮かぶのがインドアのサーキットで行われる三分のレースだったり、「トレイルランニング」と誰かが言ったときに人工的な障害物のある大都市のまわりを周回するのを想像したりする日が来たら、ぼくたちはひどい状態にあり、どこかで間違ってしまったと考えなくてはならない。

ぼくにとって、こうした人工的な環境を批判する立場を取るのは難しいことではないというのは言っておくべきだろう。あるいは、多くの西洋人にとっては。ぼくたちは幸運にもスポーツを楽しみだけのために行うことができるし、競技者の目的はおおむね自尊心を満足させることだ。だが世界の多くの場所では、スポーツは最終的な目標ではなく、収入を得るための方法だ。生活が楽ではない国々では、競技は生き残るための道になる。名声を得ることの目標は、それを達成して虚栄心を満たすことではなく、いつか家族が働ける農園を買うことだ。けれども、現実はそんなに単純ではない。勝利は欲望を駆りたてるし、金銭は魅力的だ。世界のどこであれ、人は走る意味を見失ってしまう可能性がある。

ぼくはたしかに競技によって多くの金銭を手にしている。だがそれを可能にするために多額の出費をしている。ヨーロッパに生まれたぼくにとって、ありがたいことにスポーツは楽しむためのものだし、これまで生活の糧を得る方法だと思ったことはない。けれども、金銭が動機だったことなどないと言ったら嘘になる。とくにキャリアのはじめには、一文無しに近かった。けれども、きついトレーニングをしていなければ何かほかの方法で稼いだり、勉強を続けていちばん興味が持てるほかの道を選ぶこともできた。

だからぼくは、いつでも自分のことを「アマチュア」だと思っている。これは「愛する者」を意味するラテン語「アマートル」から来ている。そしてたしかに、自分のしているスポーツを愛している。ぼくはいまプロだが、ぼくにとってのプロの仕事は、ただ競走に勝ってよい結果を得ることだけではなく、イベントや映画、写真撮影、人前で話すこと、さらにスポーツブランドの用具やチームのデザインに関わることまで含んでいる。

もしスポーツで生きていく選択をしていなかったら、何をしていただろうといつも思っている。まったく想像がつかない。きっと競技はぼくの人生のなかでさまざまな理由で重要な役割を果たしているのだろう。

ぼくは人口の少ない田舎で育った。最初に通った学校では、父兄も先生たちもヒッピーのような人たちばかりだった。進学した小さな都市の高校では、社会的な偏見がはっきりとあり、人と違っていることは受けいれられなかった。ぼくは恥ずかしがりで内向的な子供で、ほかの子たちのことをほとんど理解せず、また周囲からもほとんど理解されていなかったのだが、そのことに自分で気づいていなかった。何が普通で、何が普通ではないかを高校に入ってから学んだ。ぼくは普通ではなかった。マウンテンスポーツへの情熱のほかには、何にも関心を示さなかった。だからほかの生徒たちの近くを通ると、歌で挨拶された。しかもそれは、まわりに広がっていった。「タララー、山を飛び越え、谷を跳ね、キリアンがやって来た、ラーラーラーラララ」。曲はそのころ人気があったテレビ番組のものだった。

ぼくが競技を始めたのは、人に認められ、自分の居場所を作るためだったのだと思う。自分がどこにいるのか、自分がどんな人間なのかを知り、それによってほかの人たちにも自分を知ってもらおうとせずにはいられなかった。子供のころから大の負けず嫌いだったから、内気さは障害にはならず、むしろ必要ならかなりきつい練習も厭わないという長所になった。それが「ぼくはここにいる。これがぼくなんだ」と主張する方法だった。

最初のころは、誰もぼくに期待していなかったから、自分の勝利に驚き、達成感を味わいながら、あちこちのレースに出るのを楽しんでいた。すぐにイベントに招待されるようになり、上達するように励まされた。レースはもう遊びではなくなった。母やトレーナーはどこに行くときもついてきて、勝利を喜んでくれたが、結果をそれほど重要視することはなく、期待をかけることもなかった。きっとそうした態度に救われたのだと思う。

一〇代が終わると、認められたいという気持ちは消えた。表彰台や、結果がもたらすヒエラルキー、神話化が好きではないことを自分でもよく知っていたので、競技をやめてもおかしくなかった。だが、かなり簡単に勝つことができるのに、やめるのは難しいことだった。正直に言えば、勝利はいつも高揚感を生んだし、自分が強いこと、愛されていることを感じさせてくれた。高揚感を得られるというのに、ただの満足を選ぶことなどできるだろうか。

だがやがて、ぼくはこの感情の波の絶頂から降りてきたとき、競技がぼくに与えてくれたものをはっきりと見ることができた。それはいつもぼくに挑み、自分の能力を疑わせ、そのときの自分の状態を問わせた。十分に厳しいトレーニングをしたか、それとも怠けたかということは自分ではわからないので、自分を最高に高めようと思ったときにはあらゆる小さなことを探しだして分析し、上達し、限界を探究した。ほかの有名な競技者と対戦するときは、厳しいトレーニングをするモチベーションを維持するのはたやすかった。ぼくを駆りたてたのは、できるだけ勝てるかどうかわからないレースに出ることだった。

そう、ぼくは勝つのが好きだ——それは間違いない——けれど、負けるのも好きだ。自分よりもモチベーションが大きく、トレーニングを積み、頂点に立とうという気持ちが強いランナーに会って過ごすのが好きだ。彼らと競争していると自分のやる気が充電され、できれば彼らから学び、勝ちたいという気持ちが湧いてくる。そうすれば、競技はある意味で、自分が求めるレベルを保っているか、トレーニングや自分で呼びこんだ変化が期待どおりの結果を生んでいるかを確認するチェックリストになる。ワールドチャンピオンシップやＵＴＭＢ、シエール・ジナルに参加するよりも強度の強いトレーニングがほかにあるだろうか？

秋のエベレスト

ヨーロッパに雨が訪れ、日が短く、灰色になってくるころ、ヒマラヤでは雲が山頂にそっと別れを告げ、晴天がずっと留まる。ネパールの秋は美しい。四つの基本的な装備の入った小さなバックパックを背負って、谷から谷へと走り、村で食事をして眠り、毎日山に登ることができる。九月初めにチベットを発ち、二〇一六年の秋は自宅で過ごした。数レースだけ走ってひと月の遠征で調子が落ちていないかを確認したあとは秋を満喫した。北欧では灰色の、人々が家にこもって過ごす時期だ。外は雨と雪が降っている。暗い時間が長くなるが、山に登っていると夜が短く感じられる。ぼくにとっては一年が始まって終わる、シーズンを総括する季節だ。何をするか――トレーニング、トレーニング、トレーニング。一年のほかの時期にはレースからレースへ、山から山へと飛びまわっていてなかなかできない単純で困難なルーティンをこなす。

何かの活動を終えるといつも、人からさまざまな反応をもらう。無理解や拒絶もある。ぼくの行為を理解できなかったり、不正やドーピング、詐欺と結びつける人がいるためだ。また称賛してくれる人もいる。すべての人が完全に理解してくれるわけではないが、エベレストという名前や数字――これは誰もが飲みこめるし、ともかく比較できる――には感心される。また、無関心な人々もいる。たぶん最も賢明な人々かもしれない。そしてさらに、理解し、そこから奇妙な理論を紡ぎだして、新たな観点によるプロジェクトを思いつくごく少数の人々もいる。世界は多様なのだ。

しばらく離れていた社会に復帰するのは簡単なことではない。ぼくの場合、自分は人とは違う、一般に認知されている〝キリアン・ジョルネ〟という人物に戻らなくてはならない。人々に気づかれる生活は落ち着かず、ぼくをパニックにさせる。その感覚を言葉にするのは難しい。ぼくの最も非社交的な部分はヒマラヤ山脈にいるときがとても心地よくて、共同体の義務を果たさなくてはならない生活に戻りたくなかった。

九月初めに、そんなことを心配しながらテントを撤収し、ベースキャンプを去るために装備をまとめていたとき、あることを思いついた。

「なあセブ、聞いてくれ。ぼくが死亡したというメッセージを送ろうと思うんだけど、どうだろう？　きっとツイッターで広まって、それが真実になる。それからエミリーと両親と妹に、それは嘘だと伝える。ただ自由になって、無名に戻りたいからそうしただけだと説明するんだ」

ぼくにはすばらしいアイデアだと思えたのだが、セブは乗り気ではなかった。

「そんなひどいことをする必要はないだろう。きみはこれまで思いがけずたくさんの人の心を傷つけてきたことを考えたことがあるか？」

「人なんか、もうたくさんなんだ」。即座にそんな言葉が口をついて出た。もう少しそのアイデアについて考え、しばらくして会話は終わったが、まだすっきりしなかった。「うん、わかったよ。まあいまはやめておこう……」

ぼくはキャンプのまわりに散らばったものを最後に拾いながら、まもなく大勢の人々に囲まれることになるという事実への心の準備をした。きっとぼくがつきあいにくい老人になるだろうと想像したなら、あなたは正しい。三〇歳にしてすでにこうなのだから、あと何年かしたら、自宅のカーテンをそっと開いて不審者が歩いていないかのぞいたり、友人がドアをノックしてもなかでじっと身を潜めているような老人になるだろう。ああ、なんと恐ろしい考えだろう。たぶん誰もぼくに我慢できなくなる。

レースが終わったあと回復に少し時間がかかるように、物事をのみこみ、落ち着かせるにも時間が必要だ。それなのに、人々やメディアはせっかちだ。すぐに人の経験や、そこで感じたことを知りたがる。だがぼくは、自分のところへ質問に来られるのが好きではなく、ときには面白そうなでたらめを言ったり、まるで興味もないまま自動的に口から出てくるつまらないことを話し、しまいには尊大そうな態度をとってしまうこともある。まるで吐かせるために指を喉に突っこまれているみたいだ。まだ自分の経験を消化してもいないのに。

遠征でいちばんいい点は、世界とのつながりを絶てるということだ。あらゆるものや人とのつながりを。愛する人と山とだけ結びつくことができ、ぼくの言葉や行動をいちいち分析する人の目もない。そのため、現実世界に戻るときには、もう一度順化する時間が必要になる。

またすばらしいアイデアを思いついた。エミリーと代理人に、世界から姿を消したいと伝えてみた。彼らはそれを驚いた様子でもなく、だが疑わしそうに聞いていたが、それからぼくの役割はほかの人を勇気づけ、スポーツや自然をよく知るように促すことだと言った。要するに、そんなことはやめなさいということだ。

　ぼくは称賛されることを選んだわけではない。むしろ、嫌でたまらないことがよくある。ぼくは誰の模範にもなりたくなかった。申しわけないが、それはぼくが選んだことではない。それに、何のためであれ誰のためであれ、何かをしなければならないというのだけは勘弁してほしい。


　葉が枝から地面に落ち、雪が山にかかりはじめた。少しずつ、ぼくは人々に慣れていき、ノルウェーにこもっているうちに、山への夢を取りもどしていった。自分にしか理解できない夢だ。難しさや高度、美を求めているわけではなかった。探しているのは自分自身だった。山は、それを登る人によって形を変える。孤独に山を登る感触は岩にかけた手で感じるものではなく、身体が外の世界と戦っているとき、心で受けとめるものだ。雑音から離れ、山がただの地理的形状にすぎなくなる場所でこそ、人は完全に生きることができる。登られたすべての山、失われたすべての友人、そして失敗に終わったすべての登山が皮膚に傷を刻みつける。

　おそらく、老いるというのはそういうことなのだろう。皮膚には、もう新たな傷がつく場所は残っていない。そのときになれば、ぼくは成熟した真の自由を手に入れ、山に登れるのだろうか？　愛するとは自由を手放すことで、自由とは無条件の愛を受けいれることだと理解できるだろうか？　そのときには、身体は心が決めたペースについていけなくなり、傷はもっと若い身体を求めるだろう。ぼくは未来を作りだす必要がなく、瞬間瞬間に必要なものを感じとることのできる八〇歳の少年になりたい。完全に理性を失い、あらゆる側面から山への愛を味わいたい。目を輝かせ、心臓は激しく、制御できないほど脈打ち、山を登りきった脚を震わせて。老いが進み、身体が永遠に動くのをやめてしまうまで。

夢のパートナー

一九三八年の夏。アンデール・ヘックマイヤー、フリッツ・カスパレク、ルートヴィヒ・フェルク、そしてハインリヒ・ハラーは、スイスのオーバーラント地方にあるアイガーに、史上はじめて北壁からの登頂を達成した。ヘックマイヤーが『アルプスの三つの壁』（長越茂雄訳、朋文堂）で述べているように、これでアルプス山脈の最後の難関が克服された。ほかのふたつも同じ一九三〇年代に攻略されていた。アイガーと同じように、それらも氷と岩に覆われていた。マッターホルンとグランド・ジョラスの北壁だ。前者は一九三一年にフランツとトニ・シュミットの兄弟によって、後者はその三年後にマルティン・マイアーとルドルフ・ペータースによって制覇された。フランス人の山岳ガイド、登山家ガストン・レビュファは一九四五年から一九五二年にかけてはじめて三つの北壁をすべて登った。のちにはどの壁も、冬に単独でわずか数時間で登られるようになった。

最近では、この壁面を登ることはもう偉業とは言えなくなり、さまざまな方法で挑戦されるようになった。それでも、この冷たい壁面の不確実さはいまだに毎年、数千もの登山者の夢を掻きたてている。ぼくはときどき、何がこうした空想を生みだすのだろうと考えることがある。そして、アイガーの頂上に立つことを想像しながら壁面を登るとき、ただ巨大な黒い壁だけでなく、これまでに自分が読み、話に聞いてきたその歴史と記憶、魅力のすべてを感じているからだという結論に達した。そのとき人は、ただ岩や氷の壁面を征服しているのではなく、心のなかにヘックマイヤーの経験を一緒に携えている。ラインホルト・メスナーとペーター・ハーベラーが一〇時間で登り、アルプスの登山に革命をもたらした姿を心に浮かべている。子供のころから想像してきたさらに多くの偉業の記憶もある。山に登るのはそれが美しいからなのか、それともこれまでに読み、聞いたものというフィルターを通してそれが象徴するものの巨大さのためなのかはからない。

登山の世界で、一九三〇年代に征服されたこのアルプスの三つの壁ほど称賛されている壁面は数少ない。ぼくは子供のころからすでにそこを登ることを想像していたけれど、この夢を実現することの意味についてノートに書こうとしたことはなかった。ある日偶然、モンブランでシモンと遭遇するまでは。

シモン

シャモニは、気温摂氏三〇度の八月半ばにスキーブーツとゴアテックスを身につけて通りを歩いても、変人だと思われることのない唯一の町だろう。職場へはジーンズとTシャツで出勤し、夕食のあとはマウンテンブーツを履き、肩にロープを巻いてバーに二、三杯ビールを飲みに行くという人だっているかもしれない。

道路をたどってきて、ここに着いたときに最初に見える「シャモニ・モンブラン」の標識の下には、「世界の登山の首都」と書かれている。呼び名はほかにもあって、たとえばアメリカのクライマー、マーク・トゥワイトによればここは「世界の死のスポーツの首都」だ。それに、エゴイストの密度でも世界の首都だろう。この町はダウンヒルサイクリングからクライミング、ベースジャンピング、スカイダイビング、トレイルランニング、アイスクライミング、エクストリームスキーなど、挙げればきりがないほどの、山に関連するあらゆる競技の最高のスペシャリストたちが生涯にわたって、あるいは長期的に拠点にしているところなのだ。

シャモニは、一七八六年のモンブラン初登頂のさい、その出発点となった。それは、登山という活動の始まりを告げる偉業だった。ここはまた、山岳ガイドという職業がはじめて登場した場所でもある。時代とともに、シャモニは想像できるあらゆる山での活動を提供するようになった。スキーリフトやケーブルカーが設置され、町の真ん中に山小屋が建てられたため、すべての岩や雪、氷壁、あるいはどの方向へでもダイブできる地点へわずかな時間で行けるようになった。世界でも珍しいルートの天気予報や地形情報が提供されるシステムがあり、山岳救助の体制は完璧だ。

こうしたことがシャモニを世界の山岳スポーツ界の大学のようなものにしていることは間違いない。この町は、最高レベルの練習を一日二四時間したい無数の人々を引きつける。ここでは、珍しいスポーツが日常的にあり、それが創造性と膨れあがったエゴ、そして夢追い人の墓場を生みだしている。

ぼくもまたそうした大きなエゴの持ち主のひとりで、ピッケル製作者のシャルレや登山家のリオネル・テレイといった名前がケネディ大統領よりよく知られているこの谷に長いあいだ暮らしていた。そこでは社会的な地位はどれくらい難しいルートを登ったかで決まり、特別なエリートはゴアテックスに、あるいはジャケットを家において外へ出られるくらい暖かい日にはベースボールキャップのバイザーに、銀のバッジをつけている。

この選ばれた人々の別世界では、ひどい公害といった、この谷が抱える本当の問題は、日々の活動や記録の目まぐるしさの下に覆い隠されている。ぼくはそこに暮らし、自分の居場所を確保してきたけれど、町の中心や社交生活からは離れていた。そこでの一〇年近くの生活で作った友達は片手で数えられるし、山に誰かと一緒に行った回数は片手に指を一本足しただけだ。ともかく、その山の楽園では進歩したいという意欲も、そのために必要な場所も揃っていた。

二〇一三年の六月末、日は長く、高気圧は何週間も居すわって立ち去る気配をまるで見せなかった。ぼくは家にいるよりも標高四〇〇〇メートル以上の場所にいるほうが居心地がよかった。もちろん毎日のように、数多くの登山者や、夢を叶えようとする顧客に同行する優秀なガイドに遭遇した。はじめてモンブランを駆けあがったときや、トゥール氷河のまわりの尾根のひとつを登ったときには、上からも下からも山の嘲《あざけ》るような敵意を感じ、ぼくの登りかたを侮辱しているように思ったこともあったが、長年そこに住んでいるうちにそれは過去のものになっていた。

よく遭遇したガイドのひとりがシモン・エリアス・バラソアインだった。スペインのラ・リオハ州出身で、何年もシャモニ谷を拠点として慌ただしい観光シーズンを過ごし、シャモニがゴーストタウンになるシーズンオフの数カ月には遠い山脈へ遠征し、未知のルートで登っていた。ヒマラヤ山脈のメルー北峰や、パタゴニアのセロトーレ西壁などだ。そんな有名人である彼とは以前から知りあいだった。はじめてピエラメンタで（ジュニアのカテゴリーだったが）走ったあと、〈山岳スキー技術センター〉やユース代表チームのほかのメンバーと一緒にシャモニで四日間過ごしたときが初対面だった。そのときぼくたちは、同伴者がクレバスに落ちたらどうするか、氷河で滑るときのロープの結びかたなど、安全確保に関する四つのルールを学んだ。十数人の興奮したティーンエイジャーたちは、ピエラメンタで表彰台に立ったこともあって虚栄心がかなり高まっていた。エンドルフィンが大量に分泌されている一〇代の子供だった。

たまたま、シモンはぼくたちのガイド兼コーチだった。初日に、三八〇〇メートルのエギーユ・デュ・ミディまでケーブルカーで登った。そもそも、ぼくたちを自分の足で登らせなかったのは失敗だった。そうすれば少し疲れも出て、脚には乳酸が溜まり、エンドルフィンのレベルも下がっただろう。山小屋を出発したときは、腹を空かせたライオンが傷ついたガゼルの群れを見つけたようだった。雪のあるところに着いてスキーを履くと、シモンは氷河で滑るときに大切なことを丁寧に説明してくれた。ところが、自分は賢明だとうぬぼれていたぼくたちは話を聞いていなかった。彼が出発の合図をするのを待ち、誰がいちばん早く下に着くか競争することにした。シモンの合図でいっせいにスタートした。全員がダウンヒルをまっすぐに、尻を下げてその数センチ下に雪を感じながらバランスを取って滑り降りた。そしてもちろん、コーチが数分前に説明してくれた安全のための規則など、すべて風に吹き飛ばしていた。ヴァレー・ブランシュの氷河を一度もターンせずに、クレバスが近づくたびに運を天に任せ、ブレーキをかけずにさらにスピードを上げて飛び越え、目の端でとらえている仲間たちが離れ、減速し、遅れを取ることを願った。そのあいだシモンはこの恥ずかしい振る舞いを恐怖と驚きの目で見つめ、一定の距離を取ってついてきながら、馬鹿な真似はやめてくれと声を上げていた。

シモンとつぎに会ったのは、ぼくがシャモニに移り住んだときだった。そのころは山でよく会い、それほど話したわけではなかったが、双方にとって難しくやりがいのあることを一緒にやろうと相談した。シモンにとってはスピードと耐久力の、ぼくにとっては技術的な難しさが感じられる何かを。だが、山の上で話したときはやる気だったのだが、谷に戻ってくるとどちらもスケジュールが詰まっていて、一緒に過ごす時間が一日も取れないまま日が経っていった。

六月末のある月曜日に、ヴィヴィアン・ブルシェとセブ・モンタスとぼくはモンモディ東壁の新しいルートを滑った。正午ごろ車に戻ると、シモンからメールが来ていた。「木曜日にグランド・ジョラスへ行かないか?」。スケジュールを確認した。火曜はスポンサーとの撮影があり、水曜はカール・エグロフと出かける約束があった。そして金曜の午後はシャモニ・バーティカルキロメーターに出場する。だが木曜は予定がなかったので、行けるとすぐに返信した。シモンのアイデアは単純で、昔ながらの方法で山に登ろうというのだった。つまり、シャモニからふたりとも知らない壁面の下まで徒歩または走っていき、難しいルート――コルトン・マッキンタイアルートを――頂上まで登り、反対側のクールマイユールに降りてくるのだ。

シモンとぼくは正反対の人間だ。彼はタバコを吸い、酒を飲む。ぼくは生まれてから一度もタバコを吸ったことはなく、酒はまるでおいしいと思えない。彼は都会の雰囲気が好きだが、ぼくは人が多いとパニックになる。彼は困難なクライミングが大好きで、ぼくは歩きまわるのが好きだ。彼は毎日人をガイドして山に登るのが好きで、ぼくはできるだけひとりでいたい。彼はスポーツは呪いだと思っているが、ぼくはトレーニングせずには生きられない。こうしたライフスタイルの違いがあるのに、山への強い情熱は共通していた。ともに楽しめる狭い領域で、新しい玩具を手にした子供のように興奮して楽しんだ。

水曜の夕食後にモンタンヴェール登山鉄道の駅の駐車場で待ち合わせ、持っていく装備を選んだ。バックパックに中身を詰め、ヘッドライトをつけて、ぼくがよく走っている森の道を歩いて登っていった。木々の覆いがなくなると、雄大な景色が現れた。夜空の星明かりが周囲の峰の壁面を照らしている。グランド・ジョラスの表面は強烈なまばゆい白さで待ち構えている。これは雪が固く、すばやく登り降りできるということなのだろうか。それとも降りたての固まっていない粉雪が壁面に薄くかかっているのだろうか。心のなかでそう考えながら、メール・ド・グラス氷河を越えていく。この氷原は、かつては数キロメートルの長さがあったが、年々数百平方メートルずつ氷が失われ、いまでは名前負けしてしまっている。氷の海《メール・ド・グラス》というよりも、氷の舌先、あるいはプールくらいの規模しかない。氷原を横切る水流のひとつから、水をボトルにすくった――シモンは一リットル、ぼくは半リットル。それだけあれば山の反対側まで行けるだろう。

壁面の下に着くと、深い闇のなかで一二〇〇メートルの岩の影が覆いかぶさってきた。真夜中にこんな場所にいると、自分が取るに足らない小さな存在であることがひしひしと感じられる。壁面はいくつかに分かれ、経路も多く、登るつもりのコルトン・マッキンタイアルートを探すのに数時間かかってしまった。結局、明るくなりはじめるころに青い氷の斜面を見つけて、三分の一あたりまでいいペースで登った。明るくなってくると、冷たい空気が目から眠気をはぎとり、北壁に張りついているのだということを急にはっきりと意識した。難しい部分に入ると、登るのがぐっと遅くなった。たがいにロープを結んでいるうえ、すさまじい寒気が骨まで染みてくる。だが谷の底ではいまも、タンクトップを着たランナーが走っていて、日の当たる壁面ではクライマーが暑さにむせているだろう。

「くそっ、シモン、昨日は最高だったよ……日射しが暖かくて、四〇〇〇メートルのところで一日Tシャツを着てクライミングをした。しかも景色もすばらしかった……なんでぼくたちはいつも寒いところに行こうとするんだろう？」。ぼくは皮肉っぽく言った。

「ああ、南壁なら日焼けして男前になれただろうに、こんなところに来て、寒さと恐れで震えてる。でもこうも言える。もしこの天候が身体をリフレッシュさせてくれたら、心もリフレッシュされるさ」

シモンは言葉の才能があり、答えはいつも簡潔で的確だ。もし自分が持っていたら、ディナー・パーティで王様になれる才能だ。少しまえに、彼の本、『Alpinismo bisexual y otros escritos de altura／バイセクシャル・アルピニスムと高地に関するその他の文章』を読んだ。鋭くて面白い本だが、正直なことを言えば、本屋でぼくの注意を引いたのは表紙だった。痩せて毛むくじゃらの脚、ひげを生やした著者本人が、ビキニパンツと登山靴、それにヘッドバンドとサングラスだけを身につけて八〇年代のポルノのようなポーズをとっている、アマチュア写真家が撮った写真だ。しかもそればかりか、撮影場所はパタゴニアの氷河で、ビバークしているらしい場所のまわりにクライミングの装備や食料が散らばっている。衝撃的だった。

彼は自分のあらゆる行動を皮肉なレンズを通して見ている。たとえば山岳ガイドとしての仕事は、人々を救うためにわざわざ危険なところへ連れていくおかしな仕事だと彼は言う。一緒に長く過ごすにつれて、彼には情熱があり、登りながらそのときどきの感覚を言葉にしていることがわかってきた。それ以上説明の必要がない的確な言葉だった。また真の登山家の精神を持ち、大切なのは山頂に到達することではなく、目標を達成してもしなくても、その途中で経験することのほうなのだと自分の顧客に語っている。

シモンはぼくに、自分の本は「失敗への賛歌」なんだと話してくれた。「なぜなら登山には、壮大な登攀や山頂を目指す命を賭けたチャレンジといった英雄的な物語が数多くあるが、九九パーセントは目標を達成することができない。そこには英雄的なものなど何もない。登山はそういうものではないのだから。それはバイセクシャル（既存の（ヘテロセクシャルな）規範からの自由などを含むシモン独自の用語）なものだ。使えるものを最大限に活用して挑み、たいていは山頂に立つことなく終わるけど、それは失敗したということを意味しない。まったく逆なんだ」

ぼくたちはあまり言葉を交わさずに登りつづけた。たがいをビレイ〔ロープによる安全確保〕しているとき、周囲の景色の美しさや登ってきた区間の難しさをときどき口にしたが、それ以上はあまり話さず、相手に装備を渡すと離れた。ロープを張って六〇メートル離れたところで同時に登っているときは、つながっているロープ越しに意志を伝えあった。ロープが止まったら、難しい区間に入っている。降りてきたら、ルートを間違えている。ロープの動きが遅いときは疲れている。ロープが引かれたら、それはどこかに着いたか、もっとゆっくりと進まなくてはならないことを意味する。

シモンとのクライミングは楽だった。着実に進み、時間は無駄にしたくなかったが、彼はアンカーを設置するのに最高の場所をじっくり探した。ルートが見つからず不満をつぶやくことはあるが、彼はすぐに、静かに笑みを浮かべながらべつの進路を見つけた。

クライミングを始めて一〇時間後、太陽の光を顔に浴びながら山頂に達すると、南からの熱のためにすぐに服を脱がなくてはならなかった。この暑さが少しでもあれば、午前中ずっとルートを隠し、クライミングしづらくしていた薄い雪の層を解かすことができただろうに。

突然の暖かさに、いちばん困難な部分が終わったこともあり、身体がリラックスした。最初に緩んだのは胃だった。「うわっ、ひどい腹痛だ!」。たがいを見あい、数キロの範囲に誰もいないのを確認し、パンツを下ろすと、前夜から午前中にずっと腹にたまっていたものを空《から》にした。

「こんな景色のなかでは、なかなかできない経験だよ」

ふたりで大笑いして、アルプス山脈をその高さから見つめた。


こうして二三時間ふたりで同じ体験をしたあとは、いつものようにそれぞれのスケジュールに戻った。夏が過ぎるにつれ、成し遂げた出来事は薄れていった。おいしそうなピザの匂いが漂うトレイルをクールマイユールに降りるあいだにも、いくつか遠征の計画を立てたのだが、実現できる日は来なかった。

シモンはまた山岳ガイドの制服を着て、以前と変わらない穏やかさと忍耐強さで、モンブランなどの山頂に登ろうとする何百人もの客に山への愛を説く生活に戻った。登山者はみな、結局のところ、自分が登ろうとしている山頂は最も重要なものではないのだということを学んだ。もしかしたらシモンのようなガイドは、神のように山への愛によって道を照らし、新たな登山者を犠牲と達成感への道に導く、案内人なのかもしれない。

ぼくのほうは、シモンとあの目覚ましい経験を共有した翌日、ナンバーカードをつけ、いつものように夏のイベントに参加していた。

ウーリー

スイス、インターラーケンに近い、田園の魅力と自然の香りに満ちたリングゲンベルクという小さな町の狭い通りを、ぼくは車でさまよっていた。フランスのシャモニ周辺の村とは違って人口過多ではないし、古い建物が保存されている。通りはすべて玉石の舗装で、洗練された丸太で建てられた家屋はすべて二階までしかない。窓やバルコニーはどこも色とりどりの花で埋まり、花びらは一枚も萎れていない。中央広場の泉から水が豊富に流れだし、老人たちがベンチでおしゃべりをしながら午後を過ごしている。

この泉の前をもう二度も通りすぎていたが、探している家が見つからなかった。結局、車を停止してウィンドウを下ろし、老人のひとりに尋ねた。「すみません、ウーリー・ステックの家はご存じですか?」。老人のスイスドイツ語を完全に理解することはできなかったが、手振りから読みとった。

ウーリーの家の玄関で声をかけると、車をどこに停めればいいか教えてくれた。それから着替え、ぼくたちは翌朝アイガーの北壁を登るのに必要な装備を一〇分で用意した。それが終わると夕食にパルメザンチーズをかけたパスタを食べた。

ウーリー・ステックの名を知ったのは二〇〇七年ごろ、いまぼくたちが繰りかえそうとしているクライミングで、彼が四時間を切ったという雑誌の記事を読んだときだった。その翌年には、自分の記録を破って三時間以内で登頂した。それと比べれば、これからやろうとしているのは彼にとって簡単なトレーニング程度のものだった。一方ぼくは、興奮と尊敬の交ざった思いに圧倒されていた。それに、これから登る壁面をすでに三九回登っている人の横でぶざまな姿をさらすかもしれないという恐れもあった。

数週間前、ぼくたちはヒマラヤで会っていた。トレイルランニングのシーズン終了から、スポンサーの製品を発表するために東南アジアを訪問する旅行のあいだに一二日間空いていたので、ぼくはエベレストやローツェ、アマ・ダブラムといった有名な山々への拠点となるネパールのクンブ地方に気晴らしで旅することにした。カトマンズに数時間滞在してトレッキングの許可証を手に入れるとまっすぐルクラへ飛び、着くとすぐ、山地での一週間に必要なすべてが入った小さなバックパックでランニングに出かけた。ゴーキョ渓谷やロブチェ・ピークに出かけて数日過ごし、ローツェとヌプツェの南壁へ続く谷の最後の村である、標高五〇〇〇メートルのチュクンに着いた。べつの旅のときに知ったペンバというロッジにまっすぐ向かうと、そこにウーリー・ステックとエリアス・ミレイユがいた。彼らはしばらくまえからここにいて、ヌプツェの南壁をアルパインスタイルで――つまり、固定ロープや高地でのキャンプ、サポートチーム、ポーターなどを使わず、登山に必要なものをすべて肩にかついで登る方法で――登るのに適したコンディションになるのを待っていた。そのあいだに彼らは周辺を走ったり登ったりしていた。

ぼくはクンブ地方のトレーニング環境が好きだ。ここではアルプスで三、四〇〇〇メートルの登山をする感覚で六、七〇〇〇メートルの山に登れる。村々が標高五〇〇〇メートルのところにあり、暮らしたりトレーニングをするのに必要なものが揃っている。ベッドに毛布、寒い夜から守る暖炉つきの部屋、豊富な食料。おまけにディンボチェの村では薪窯のオーブンで焼いたおいしいチョコレートクロワッサンが食べられる。

ある日エリアスとウーリーと、近くの六〇〇〇メートル級の名もない峰の麓までスニーカーで出かけた。雪のあるところに着くとクランポンを装着し、ローツェとヌプツェの南壁を形成する巨大な岩壁を眺めながら、鋭い岩の尾根を登りはじめた。ちょうど右にマカルーがあり、そのほか数百もの細い雪のピラミッドに囲まれている。いちばん高いところに達し、少し休むと、影がかかった側を降りた。ロープは持ってきていなかったから、程よい距離を保ち、たがいの上に雪を落とさないようにした。ぼくはウーリーの足跡をたどりながら、彼が一本のピッケルだけで降りていくことに驚嘆した。ぼくは二本目のピッケルをバックパックから取りだし、氷河を降りていった。ウーリーに追いついてエリアスを待っているあいだに、スイスのグリンデルヴァルトに行ったことはあるかと尋ねられた。ぼくはないと答えた。だったらアイガーに登ったことはない。いつか登ろうよ、と彼は言った。そうだね、とぼくは答えた。

その翌日、ぼくは慌ただしくクアラルンプール行きの飛行機に乗った。巨大なアジアの都市で数日歩きまわったあと、毎年秋を過ごすフランスのティーニュへ向かい、そこの高度と豊富な雪のなかでスキーを始め、自宅付近に雪が降るまえにできるかぎりのトレーニングをした。ぼくたちはこれを、ゲレンデでの「ハムスター」と呼んでいる。登っては降り、登っては降り、まわし車を走るように、単調に長時間、長い距離を滑りつづける。

そうしたある日、トレーニングからの帰り道、ウーリーのことをすっかり忘れていたときに、彼からメッセージが来た。「やあ。アイガーのコンディションはよさそうだ。明日わたしはあいてるよ」。わお！　ぼくは携帯電話から目を上げ、車のまわりに散乱しているものを確認した。いくつかのクランポン、ピッケル、軽量ハーネス。「これじゃ足りないな」。幸運にもシャモニは近いので、それ以外に必要なものすべてを揃えることができた。

一緒に山に登ったほとんどの人は不必要なものをバックパックから取りのぞいて軽量化するのを苦手にしていたが、ウーリーはまったく逆だった。クイックドロー〔支点確保の道具で二つのカラビナ（金属リング）をつないだもの〕がついた三〇メートルのロープ、アイススクリュー〔氷壁にねじ込んで確保の支点とするもの〕、半リットルの水を詰めると、ぼくたちの二〇リットルのバックパックはまだ半分あいていたが、何を忘れているのかわからなかった。いちばん悩んだのは、ブーツとクランポンの選択だった。シモンとグランド・ジョラスを登ったときは防水スニーカーにした。柔軟性があって壁面まで歩くのに快適だし、硬いクランポンをつけて氷面を登るときも比較的しっかりしていた。そうすると、重い登山靴をバックパックに入れなくてもよくなった。この発明は成功だった。それでいくつか新しいシューズのプロトタイプのデザインを思いついたものの、急な氷の斜面では安定性に欠けていた。ウーリーはその発明がアイガーでうまくいくか確認したがったが、結局は軽いスニーカーと登山靴を両方持っていくことにした。スニーカーにクランポンを装着するのはつぎの機会に取っておいた。

翌日、早く出発した。牧草地を走っていくと、それまで平和に寝ていた牛たちが、じっとこちらを眺めていた。ウーリーはそこのトレイルを走りながら育ったようなものだが、壁面の下まで連れていってくれるラック式鉄道があるため、グリンデルヴァルトから走ってアイガーを登りにいったことはなかった。彼の情熱の源は、かつて難易度の高いクライミングに挑み、より難しい壁面を登り、新しいルートを開拓しようとしたところから来ていた。山を見ているとき、彼がじっと観察しているのは壁面の最も直線的な部分で、山のそれ以外の部分には関心がない。そうした好みにもかかわらず、町から走っていこうとぼくが言うと、彼は興奮していた。

いいペースで走り、調子が出てくると、前夜の会話の続きになった。長距離レースのトレーニングや栄養摂取についての質問に自分が知り尽くしたことを答えることで、これから起こるよくわからないことを意識しないようにした。六〇度の斜面を心地よく登っていったあとは、垂直の壁面に挑戦することになる。ウーリーはペースがちょうどいいかを尋ねた。心配いらない、すばらしいランナーだね、とぼくは答えた。あなたはＵＴＭＢの五六キロの姉妹レースであるＯＣＣ（オルシエール＝シャンペクス＝シャモニ）で二二位で走っているけれど、その順位は多くのプロランナーが羨ましく思う順位だよ、と。

「そんなことはないさ」と彼は答えた。「ゴールしたのは一位のマルク・ピンサチより一時間、彼のタイムの一八パーセントも遅かったんだ。やっぱりわたしはランナーじゃない。でもトレーニングしてもっと速くなりたいし、一〇〇キロのレースも走りたいよ」

そのときの彼の目から、登山のプロジェクトの先行きを想像していることがわかった。ぼくはこのトレイルでの走りから判断すると、長距離に慣れてしっかりトレーニングすれば難しいことではないと励ました。

「ところで」と彼は言った。「わたしはただクライミングや登山をするだけで能力が上がるという考えには賛成できないんだ。たとえば、自由な時間があると、人は楽しめそうなクライミングをするが、ランニングをしようとかジムへ行こうとは思いもしないし、有酸素運動もしない。もし頭に描いてるプロジェクトを全部実現させるつもりなら、最もリスクが高くて最も難しいクライミングを成功させるためにかなりハードなトレーニングをする必要がある」

ウーリーのような人はなかなかいない。クライマーだけでなくアスリート全体を見回しても、これほど真剣に、規律正しいトレーニングをする人は珍しい。一年のうち一日も欠かさず、オリンピック選手についているトレーナーの指示でトレーニングしている。彼と自分の類似点や共通点を知るのは興味深いことだった。

「シーズンをいくつかのステージに分けている」とぼくは言った。「毎年目標としているレースはだいたい同じ時期に行われるので——スキーは一月から四月、ランニングは五月から九月——ルーティンを定めるのは簡単なんだ。だからまえもって、秋には練習量を増やして、冬のはじめに激しいトレーニングをする必要がある。そんな調子で続けて、自分で決めたブロックをこなしていくんだ」

「わたしもブロックに分けてトレーニングするよ」と彼は言った。「でも、それは時季によって固定されてはいない。わたしはそのとき向かっている目標によってブロックを決めていく。たとえば、カリフォルニアに行ってエル・キャピタンをフリークライミングするという目標があれば、あらかじめ二、三カ月筋力トレーニングとスポーツクライミングをやり、そのあいだに一週間長距離トレーニングを挟んで筋肉量を失わないようにする。もし目標がヒマラヤの巨大な壁なら、一ブロックは集中的に筋力トレーニングにあてて、簡単な場所でたくさんの斜面を登り、数週間のテクニカルトレーニングを挟む」

いずれにせよ、ウーリーは年間一二〇〇時間トレーニングしている。まるでクロスカントリースキーやサイクリングの世界チャンピオンのようだ。ぼくが秋にティーニュのゲレンデでハムスターをするように、ウーリーはアイガー北壁の登攀を、かわいらしい小動物のように何度も繰りかえす。

話が弾んで、壁面の下に着いたことにあやうく気づかないところだった。着くのにかかった時間は二時間強だった。出発してからはじめて顔を上げ、見上げた一八〇〇メートルの黒い壁面に威圧された。アイガーはオーバーラントの三山のなかでは最も標高が低いが、最も恐れられている。ほかのふたつ、ユングフラウとメンヒもそばにあり、どれも畏敬の念を起こさせる。ぼくの目の前にある山はその名の由来にたがわぬ人食い鬼《アイガー》のようだ。

スニーカーを脱いで登山靴を履き、クランポンをつけた。壁面の下で時間を無駄にすることなく、比較的簡単な岩から登りはじめ、急な雪面を越えて中間点に達した。ここからが本当の難所だ。想像が頭をよぎる――もし降りたいと思えば、滑って安全に降りられる。もう一度、同じ想像が頭をよぎる。ここから上はすべて垂直だ。

ロープでつながって数メートル間隔で登りつづけ、ところどころで、とりわけ角度の急なところで支点を打ちこむ。一メートルごとに、うまく登れないのではないかという不安は消え、楽しくなってきた。ルートは三キロ近くあり、とても長い。難しい区間を何度もトラバース〔斜面を横断すること〕し、氷や岩でできた高さ二、三〇メートルの小さな崖が、より単調な雪の斜面に変わった。何もない空間に放りだされたような恐怖を覚える。

壁面にはぼくたちふたりだけで、トレイルを切り拓いて進まなくてはならないのだが、ウーリーはそこを知り尽くしていて、方向を選ぶのに迷うことはなかった。進みながら、彼はぼくに登ったことのあるルートを示した。

「ここはジェフ・ロウのメタノイア・ルートだよ。何年かまえに登ったことがある。そしてあっちがラ・パシエンシアと、わたしが以前に開拓したヤングスパイダーだ」

「ウーリー、ここでやり残したことなんてないんじゃない？」

「いやあ、たくさんあるよ……たとえ毎日登ったとしても、わたしはいま四〇代で、年齢を重ねたことで、壁を見る目も変わってきている。ほら、今日だって、登るためにグリンデルヴァルトからここまで走ってくるなんてはじめてだったしね」

「いつか、スキーでここを滑り降りてみるといいかもね」。ぼくは彼をからかった。彼はスキーがあまり好きではないのだ。

「スキーを履いて降りたことはないけど、アンナプルナに行くためのトレーニングで何度か降りたことはある」

「なんだって？」。ぼくは驚きで言葉に詰まった。「でも……でも、登るのだってかなり難しいんだよ。それを降りてくるなんて、さらに大変じゃないか」

「ああ、巨大な壁面の難しい区間を自分で降りられることを確認して、ヒマラヤに行くだけの実力と自信を手に入れたかったんだ。だから、最適なトレーニングのコースとして、西壁から登って北壁を降りてくることにした。そこなら覚えていて、目をつぶってても行ける」

彼の話があまりに理解を超えていたので、何も言葉が浮かばなかった。彼はさらに話しつづけ、アンナプルナの南壁はここほど難しくはなく、降りるのも簡単だったと言った。信じられない。登りながら、ぼくはその言葉をどうにかのみこもうとした。

数年前にウーリーが二〇〇〇メートルの壁面も含む、標高八〇九一メートルのアンナプルナの南壁を単独で登頂したとき、世界は驚いた。壁そのもののとてつもない難度に、高度による困難が加わる。彼はそれをひとりで、二八時間で登ってみせた。その数週間後に、フランスのステファン・ベノアとヤニック・グラツィアーニは同じルートで登った。出発から登頂まで一〇日間かかり、高度と寒さのせいで、ベノアは四本の指を失うことになった。

ウーリー自身が語ったその登頂の話は驚くべきものだった。

「登っているとき、わたしは完全に世界から切り離されていた。登ることのほか、何も存在しなかった。過去や未来は消え、わたしはただ、いま、この瞬間にいた。ピッケルを刺す。もう一度。そして足を踏みだす。もう一歩。目には雪と氷を貫いているピッケルしか見えていない。視界は狭まっていた。その巨大な壁面に、わずかな装備を持った自分がいる。身軽だが、空間にさらされていた。もしミスをしたら、それがほんの小さなものでも、死ぬとわかっていた。それなのに、ミスを恐れていなかった。わたしは自分に命じていた。アンナプルナの南壁を登る自分ではない者がわたしを操っていた。自分という感覚は消えていた。もしその人物が落ちても、どうでもよかった。未来は存在しないんだから」

彼は実際にはそれ以上のことを経験していた。出発前、その道は一方向にしか進めないことを受けいれた。そして死ぬかもしれないことを受けいれた。生きて元気に戻ってきたとき、精神は空っぽだった。超えることのできない限界に到達したことがわかったとき、そしてその限界を味わったとき、心は空白になった。

ウーリーは写真によってその偉業を記録することができなかったので、人々の批判にさらされることになった。「申し訳ない、わたしは夜じゅうずっと風や落石をよけて登っていて、小さな雪崩でカメラを失ってしまったんだ」。プロの仲間内では彼の達成を疑う者はおらず、ピレオドール賞が贈られた。その年最大の登山活動を表彰する賞だ。それでも、しばらくのあいだは批判と無理解に悩まされた。

「でも、あんな壁面をソロで登るのがどういうものか、ほかの誰にわかるだろう?」と彼は言う。「あんな危険にさらされてクライミングをしたことのない人が、どうしたらわたしがした判断を想像できるだろう?」

　こういうことはときどき起こる。全世界が不可能だと思っていることを思い描き、成し遂げた人が現れたとき、多くの人は感銘を受けるのではなく、それを否定する。自分の限界を認めるより、拒絶するほうが簡単だからだ。

　だが、どんな傷も時とともに癒えていく。少なくとも、そう言われている。ウーリーはモチベーションを取りもどし、アルプスの四〇〇〇メートル級の峰に続けて登り、ふたたびヒマラヤでクライミングし、さまざまな場所でさらに向上するためのトレーニングをした。何度話してもらっても、ぼくは彼が、もう二度と極度に難しい壁面は登らないと奥さんに約束したことが信じられなかった。

「ニコルにはもうしないと言ったけど、アイガーは危険じゃないから速く登ってもかまわないんだ」

　あの日は天候もすばらしく、風がなく暖かかった——北壁の四〇〇〇メートル近い高所にいるわりには。つまりジャケットと手袋を着けて、楽しみながら登ることができるということだ。登りながら、彼はたびたび壁面のコンディションを観察し、さまざまな戦略について熱心に語り、さらに軽量化や、ペースを上げるためにより効率的な食料と水分の摂りかたのアイデアを教えてくれた。ウーリーがこの場所で動いているのを見るのはとてつもない価値があった。まるで平坦な道を進んでいるような動きだった。彼は氷の質を見きわめ、あらゆる動作を簡単にこなしていた。ぼくは見たものと彼の説明をすべて吸収しようとした。そこはぼくがいちばん好きなタイプの山だった。集中力を要し、それなりのリスクがある難しい場所だが、滑らないように一歩ずつ止まりながら登らなくてはならないほどではなかった。さらに複雑ないくつかの区間では、ウーリーはぼくの背中にロープを通してビレイしてくれた。いいペースで登り、最後のクレバスを越えると、まだ油断できない場所なのに、そこから彼はほぼ走りつづけた。ぼくはロープでしっかりとつながれて、数メートル後ろを必死に追いかけた。彼の動きを真似したが、手足の置き場までは確認する余裕がなかった。ピッケルを氷に刺し、クランポンで岩を踏む。またピッケルを氷に刺しては、クランポンで岩を踏んでいく。しばらくすると頂上に着いていた。

二〇〇〇メートル下の草原に戻ると、朝に邪魔をしてしまった牛たちが平和に草を食べていた。正午で、山の反対側を目指してグリンデルヴァルトを発ってからちょうど七時間経っていた。ぼくにとってはこの日のクライミングは第一級の経験だが、ウーリーにとっては通常のトレーニングの一部にすぎない。クライミングの指導をしてくれてありがたかった。二時間もかからずに東壁を降り、ケーブルカーとすれ違った。スニーカーを履き、車まで走った。出発から一〇時間だった。ぼくは飲みものとクッキーを持ってきていた。それを平らげ、いくつか装備を交換した。彼は短パンを穿いてインターラーケンにスポーツクライミングをしに出かけた。ぼくはティーニュに向かった。午後にはスキーをする時間があるだろう。

きついトレーニングに明け暮れて四日が過ぎたころ、またウーリーからメッセージが来た。「今日はすごいコンディションだった。二時間二二分」。それは、自身が持つ最速登頂記録をまた破ったという知らせだった。

ソロ

氷河を登り降りしながら、標高数千メートルの場所で指折り日を数えてシーズン開始を待った。アイガーから戻ると、あるアイデアが頭に住みつき、トレーニングを積み重ねるうちに自然と大きくなっていった。一週間のあいだ晴れて寒い日が続いていたから、山はおそらくクライミングに適したコンディションを保っているだろう。六月にシモンから、そして数日前にウーリーからたくさんのことを学んでいたから、自分ひとりで実践すれば、個人的な三部作として完成することになる。ぼくにとって、ソロクライミングは最も自分に合った、本来の活動なのだ。ただひとりで、疑念と不安を抱えて挑む。自らの運命をただ自分の判断だけで決める。

朝のトレーニングで疲れた脚でアパルトマンに戻り、天気予報を見た。グーグルマップによればマッターホルンの麓ツェルマットまでは車で五時間だ。ちょうどいい。トレーニング仲間に明日はぼくを待たなくてもいいと伝え、必要なものをトラックに積みこんだ。それからオリーブオイルのパスタを少し食べてすぐに寝た。

夜が明けて、車を走らせてツェルマットに着くと、観光客が何人か、酔いつぶれたゾンビのような姿で一泊数千ユーロで予約したホテルの場所を探してさまよっていた。ぼくは通りを抜け、パトロイ・ド・グラシエという山岳スキーレースのゴール地点で車を停めた。今回は二〇〇〇人の選手を後ろに従えているわけではないし、完走の興奮もないのだが、そこのエネルギーを吸いこみ、町を出て谷に向かった。

午前中にヘルンリ小屋に着き、水を飲んで、持ってきたクッキーを四枚食べた。スニーカーからブーツに履き替えているとき、宿泊者がひとりもいないことに気づいた。つまり、この先では誰もロープを張ってクライミングをしていないということだ。時間を無駄にせず、すぐに壁面を探しに出かけた。気温はちょうどいい。つらいほどの寒さではないし、氷が剝がれてやっかいなことになるほどの暖かさでもない。

雪と氷の六〇度の斜面を登っていった。すばやくいい調子で、ほとんど走るように快適に進んでいった。氷が侵食した岩の斜面の下に来ると、驚いたことにそこは完全に乾いていて、疑念を抱かせた。思っていたよりも厳しくなりそうだ。だが、ここに来たのは何のためだ？　こうした判断をせざるを得ない状況を求めて来たんじゃないか……。ぼくはさらに進むことにした。懸垂下降するときやセルフビレイに使えると思って、三〇メートルの細いロープなどいくつかの装備を持ってきていた。黒色片岩《こくしょくへんがん》の割れ目に慎重にピッケルを刺し、クランポンで踏んで登りはじめた。比較的簡単な一〇〇メートルほどが過ぎると、より垂直なチムニー〔壁面に縦に走った割れ目〕になった。二、三メートルは登ったが、安全に進むために取るべき体勢がわからなくなった。見下ろすと、もし落ちたら……いや、絶対に落ちてはいけない。数メートル下ると、いいところにピトンが打たれていた。ピッケルでしっかりと打ちこみ直して安定させ、バックパックからロープを取りだして片方の端をハーネスに結んで、ピトンの穴に通してもう一度ハーネスにスリップノット〔ロープの端を引くと解ける結びかた〕でつないだ。落下したらピトンが振動に耐えることを願いながらさらに登った。二、三〇メートルほどの落下ならばひどいことにはならないだろう。そこからまた登ることも、下山することもできる。そこで、ハーネスを着けていないようなペースで登ることにした。少しずつ、ストレスは小さくなっていった。ロープを頼って、粉雪が表面についた下に氷の層がある斜面をさらに登った。ここではピッケルとクランポンでしっかりと壁面をとらえることができた。

三時間後、山頂近くの尾根に出た。厳しいクライミングで、一〇〇パーセントの集中が要求され、壁面を離れたときはアドレナリンがどっと出て身体の力が抜けてしまった。

誰かがマッターホルンの山頂に立てた金属の十字架に到達したのは短い秋の日の午後半ばだった。下界を見下ろすと、山の影が谷間に伸びていた。夏なら雪のないきれいな尾根が見えるのに。数年前には、ここからチェルヴィニアの町までわずか五六分で降りたことがあった。今回はそれよりは長くなりそうだった。氷と雪で覆われ、速く降りるためのマーカーも隠れている。

マッターホルンの影が東にさらに長くなり、進むべき道を巨大な矢で示しているなか、慎重に下山した。ヘッドランプをつけ、よりよいルートを探した。尾根の上は複雑ではないが何が起こるかわからず、岩から岩へと飛んでいくことはできなかった。それでも危険は感じず、いいペースで進んだ。

突然、右のクランポンが左脚のどこかにつかえて身体がゆっくりと前によろめいた。前に出そうとした足がズボンに引っかかった。どうしようもない。身体が空間に投げだされ、仰向けになった。はじめに肩が着地して衝撃を感じ、さらに暗闇のなかで転がった。自分の身体さえ見えない。つぎに背中を激しく打った。

これが人生最後の瞬間だと思ったことはこれまでに二度ある。これがその一度目だった。すべて終わったと思った。落ちながら、かろうじて「くそ」と、まるで誰かを邪魔してはいけないとでもいうように低い声でつぶやいた。それは自分への怒りだった。衝撃に耐えることだけしか考えられず、両腕を伸ばして、不可避に思える落下を避けるために何かをつかもうとした。

このとき腕が岩のあいだに挟まり、かろうじて落下をとめることができた。どうにか立ちあがった。全身が震えていて、アドレナリンが分泌され激しく息をしていた。出せるかぎりの大声で叫びたくなった。それともまわりの環境に溶けいって消えてしまおうか。だが、どちらもできなかった。恐怖心を振りはらうのにしばらくかかり、そのあとようやく怪我の具合を確認した。肘が最初の衝撃ではずれかけていたが、慣れたことだったのですぐにはめ直した。両脚は何度か打ち、ちょうどクランポンが引っかかったズボンのあたりに小さなあざができていた。どれも重傷ではなさそうだったので、そのまま下山を続けた。最初の何歩かは脚が震えていたので、腰を落として走ったが、少しずつ通常のペースを取りもどした。

出発の一〇時間半後、ツェルマットに戻ってきた。スーパーマーケットでピザを一枚買い、それを食べながらティーニュに帰った。

ステファン

だが、幸運なことだけが起こるわけではない。

一二歳だった二〇〇〇年に、夏の恒例でサルダーニャのマルニウ小屋に滞在した。夏休みの半分をそこで、父の手伝いをして過ごした。GR11トレイルを歩き、湖を散策する登山者のためにサンドイッチやエッグビーンズを作り、コーヒーを淹《い》れ、毛布を畳み、部屋を掃除し、夕食のテーブルをセットした。山小屋で働いていると朝起きるのは早く、夜眠るのは遅くなった。明け方には朝食の準備があり、夜は寝るまえに仕事をすべて終えなくてはならないからだ。だが最初の食事と、客が訪れはじめる昼のあいだにはかなり時間があった。妹とぼくはその時間を利用して、山小屋のまわりで走るのではなく、競って石の壁面の手がかりを探してクライミングして遊んだ。午後、夕食の提供までの時間には、寒い日は薪ストーブをつけてダイニングルームで寝ころがり、たくさん置いてあった雑誌をめくった。雑誌〈デスニベル〉で、全身防寒着を着て、脚だけをむき出しにしたスキーヤーが急斜面を滑る写真が載った特集を見て、ぼくは茫然とした。見出しには「ダヴォ・カルニチャール、エベレストを滑る」と書かれている。

「これを見てくれ！」。ぼくは妹の目の前にその雑誌を突きつけて大声で言った。「本当にエベレストをスキーで降りられるのかな？」

ぼくたちはダヴォがどのようにしたのかについて詳細が書かれたページを眺めた。このスロベニア人スキーヤーの粘り強さや技術に驚愕した。ぼくはそのころまだ急な斜面を滑ったことがなかったが、どういうわけか自分は二一歳になったらK2をスキーで滑り降りて死ぬのだと確信していた。

同じ年の終わりに、ぼくはアルパインスキー（山岳スキーはそのころそう呼ばれていた）の競技に出るようになり、ダヴォの不可能と思える滑降のことはそれから何年も忘れていた。学校に持っていくフォルダーには二枚の写真が貼られていた。一枚は五〇〇〇メートルから一万メートルまでのあらゆる陸上レースで勝っていたケネニサ・ベケレで、もう一枚はアルパインスキーの大会でのステファン・ブロスだった。峰に視線を向けながら、登り斜面で一歩を踏みだしている。このスイスのモルジャンで行われた欧州選手権は、ぼくがやがて国際試合のデビューをすることになる大会だ。

二〇〇七年に、ステファンは国際的なレースから引退することになっていた。ぼくはまだ大人に交じってレースに参加しはじめたばかりだった。彼はぼくたちが優勝を争ったピエラメンタの四日間、応援に来てくれた最高の観客だった。一年後、ぼくはピレネー山脈からアルプスに移り住むことにした。そしてミレイア・ミロとレティシア・ルーという友達ふたりとぼくはアラヴィ峠の端に小さな木造の山小屋《シャレー》を見つけた。そこからならスキーを持って外へ出て、エタルやシャルヴァンなどの山に登ることができた。ステファンは近隣の町に住んでいて、自然に親しんでいた。山で見かけることも多かった。すばやく正確で、競技に出ていた栄光の時代とまったく変わらなかった。

二〇一二年にサミッツ・オブ・マイ・ライフというプロジェクトを始めたとき、ステファンと話がしたいと思った。山のなかで速く、休まず動きつづけるという考えかたはぼくと共通していた。最初のチャレンジとして、ぼくはモンブラン山塊を横切り、東から西に向かって主だった峰の頂を通っていこうとしていた。そのためには何カ所かで困難な下りをしなければならない。ステファンはすばらしいダウンヒルスキーヤーだ。レースに出ていたころ、下りでの彼はほかの選手とは違っていた。卓越したテクニックを持ち、誰にもできない地形の読みかたを知っていた。引退してナンバーカードを引きだしにしまったあとも、変わらずに猛烈な滑降をしていた。ピエール・ターディヴェルとともに、エギーユ・ヴェルトからナンブラン氷河まで懸垂下降せずに降りる記録を更新した。この地形を速く降りられるように装備を軽量化したのはステファンがはじめてで、それによってかつては想像すらできなかったテクニックがつぎつぎに登場した。ぼくが話をしたのはモンブランを横切るプロジェクトがまだ明確な形をとっていないときだったのだが、話してみると、自分もそれを何度か考えたことがあるとステファンは言った。そしてその地域の地図を床に広げて、通ることのできる場所を詳しく教えてくれた。

準備のために何度も一緒に出かけ、急斜面でのスキーを教えてもらった。はじめにノルト北壁、エギーユ・ダルジャンティエールの東壁〔クーロワ・バルベ〕、ドーム・ド・ミアージュの北壁、そしてレ・ドロワトへ行った。彼は口数少なにそれらの下り斜面の滑りかたを教えてくれた。もしかしたらステファンは世界で最も思慮深いメンターとは言えないかもしれない。いつも何かしら装備に問題を抱えているのだ。けれども彼はまるで天使のようなテクニックで、スキーが一枚しかなかったりブーツが壊れたりしていても、それにまるで気づかせることなく美しく滑り降りる。このときはついていくので精一杯だった。

コンディションがよさそうなときに、モンブラン山塊を横切ってみた。その数週間前、アラヴィ峠で同じようなことをしていたから、自信はあった。目的は最終的にコンディションを確認することだった。ところが、それは想像しうる最悪の結末を迎えた。二〇時間は順調に過ぎたのだが、最後の登りへの入り口を探していたとき、エギーユ・ダルジャンティエールの山頂が崩れ、ステファンを飲みこんでしまったのだ。

ヴィヴィアン

ステファンの死から数カ月、ぼくは罪悪感から酒に溺れ、山では狂気じみた危険を冒しつづけた。だがありがたいことに、友人たちがそうした危険な衝動を落ち着かせ、ぼくの気持ちをもっと建設的な方向へと向けてくれた。セブ・モンタスと、アラヴィ峠やモンブラン横断で計時を手伝ってくれたヴィヴィアン・ブルシェ、そしてジョルディ・トサスだ。

ヴィヴィアンとぼくはそれまで数回しか会ったことがなかった。彼に計時してもらって峠を走ったりはしたが、クライミングやスキーを一緒にしたことはなかった。だから二〇一二年一〇月に電話をもらったときは驚いた。

「どうしてる、キリアン？　今日きみがエギーユ・デュ・シャルドネに行くのを見たよ。雪の具合はどうだった？」

「悪くないね。通常のルートから登ったら、雪の量は多いけど、かなり安定してた。コンディションはまあまあじゃないかな」。ぼくは自分よりもはるかにこの周囲の山々をよく知っている人に対して変なことを言わないように気をつけた。

「北壁には行ってみた？　白かったかい、それとも凍っているようだった？」

「ええと……けっこう白かったと思う。間違いないとは言えないけど、そう見えたよ」。ぼくは記憶をたどった。そこを通ってきたのだが、あまり注意していなかったのだ。

「わかった、ありがとう」。それで話は終わった。

しばらくして、メッセージを受けとった。「明日ミゴ・シュプールに滑りに来ない？」。ぼくは行くと即答した。翌朝、山の麓で会うことになった。そのとき、競技用の細いスキー板しか持っていないことに気づいた。しかも装着されているビンディングは、どれもあまり状態がよくなかった。家にある板とビンディングを探し、用品店に直行してつけてもらった。

ぼくにとってシャルドネは特別な山だった。シャモニ周辺のほかの山ほど知られてはいないが、ケーブルカーでは登れず、谷のすぐ近くに屹立していて、簡単に登れるルートがひとつもないことが大きな魅力だった。ステファンは可能なルートをすべて登っていて、この周囲でもいちばん好きな山だと話していた。彼が亡くなったあと、ヴィヴィアンは山が持つ多様な側面のうち、新たな可能性を開いて見せてくれた。それによってぼくの山への見かたはすっかり変わることになった。

ヴィヴィアンはぼくとそれほど年は離れていないが、急斜面でのスキーに関してははるかに経験豊富だった。にもかかわらず何かを決めるときには対等に扱ってくれた。それは母が暗闇のなかで家に帰るときにぼくたちにしたこととよく似ていた。彼のそばにいるといつも安心感があり、落ち着いていられた。彼は極端な感情による行動を遠ざけ、危険や恐れではなく、喜びや幸福といった言葉を選ぶようにしていた。

ミゴでの滑降のあと、モンブラン山塊からアラスカやヒマラヤへ何度も遠征したが、ヴィヴィアンとぼくはときどきシャルドネに戻ってきた。この山の西壁には夏にクライミングをするのに最適な赤い花崗岩の斜面があるのだが、彼は数年かけてこの西壁に一本のラインを見つけていた。想像力を働かせると、頂から壁面の下まで、狭い雪の通路と細長い岩をほぼ完全につなげることができた。

二〇一五年一二月に最初の挑戦をした。だが壁にとりついたのが遅く、風雨にさらされていたせいで、滑るスピードによって雪が安定せず、滑りにくくなっていた。二度目はクリスマスだった。山は青空と無風の完璧な一日をプレゼントしてくれた。普段は人の多い谷間にぼくたちしかいなかった。一二月二五日だったからだろう。ほとんどの人が自宅でチキンか七面鳥を切り、グレービーソースで煮込んでいるときに、ぼくたちは標高四〇〇〇メートル近いシャルドネの東壁で正しいルートを探した。頂まで登り、雪上でのスキーと〝ドライスキー〟がほどよく混じったその壁面を滑り降りた。ドライスキーというのは、雪のない斜面をスキーを履いたまま降りる行為に対してヴィヴィアンがつけた名前だ。雪が途切れたり、あまりにまばらになってしまったときには、セオリーどおりなら懸垂下降をしなければならないのだが、ぼくたちはスキーを履いたまま、それをクランポンや登山靴のように岩に押しあてて、手やピッケルも使ってつぎの雪原まで降りていった。

しばらくはこの方法のおかげでロープを取りだしたり、山に物を置いてきたりせずによくなったのだが、やがてドライスキーでの降りかたを考えたり、その動きを実行するのに、きちんと懸垂下降した場合の二倍もの時間がかかってしまう場所に到達した。これはかなり馬鹿げた行為だった。それだけの手間をかけるなら、ハーネスを着けて懸垂下降したり、スキーを背中に背負ってクランポンを足にはめて降りたほうが速いうえに安全だっただろう。馬鹿なことをしたものだ。とはいえ、もっと簡単で安全なルートもあるというのにわざわざ複雑なルートで山に登るというのも、同じくらい愚かなことではないだろうか？　そしてまた、誰よりも速く山を登りきるというのも同じように無意味なことではないだろうか？

ぼくたちが開拓したルートは、ヴィヴィアンが想像し、長いあいだ取り憑かれたように考えていた道とは違っていた。ぼくたちはもう一度挑戦するためのコンディションが整うのを春まで待たなければならなかった。マテオ・ジャックムーとぼくが優勝したピエラメンタの最終ステージの直後に、またメッセージが来た。「やった！　きみは芸術家だ！　おめでとう！　火曜にシャルドネに挑まないか？」

その直前の日曜は、スカイランナーワールドシリーズのレースだった。ぼくはそこで一位を取った。だがぼくはしだいに、山でいい一日を過ごすチャンスがあるなら休みを取るのは後まわしにしなければならないと思うようになっていた。しかもヴィヴィアンが提案している滑降は、十分にその価値があった。

降りてくる予定のルートを登りながら、そのラインの美しさに目を見張った。急斜面でのスキーを価値あるものにするのは、斜面の角度が急なことではないし、長いことでもない。ドライスキーの複雑な動作でもないし、登りでもない。それは、巨大な岩壁をスキーで越える移動そのものだ。「スキー」と「登山」という言葉にはあらゆる意味がこめられている。この滑降は五時間の興奮の祝祭で、日が暮れるころ氷河に降りて戻ったときに最高潮に達した。ぼくたちは赤い花崗岩の壁面にある、半月型の雪面を夢中になってなめらかに滑り降りてきた。

冬のエベレスト

ネパールというと、まず頭に浮かんでくるのは壮大な山々、繁茂した森林、静かな谷のあちこちに点在する小さな村々だ。だがぼくがはじめて訪れたとき、押し寄せてきたのは耐えられないほどの暑さ、埃まみれの空気、公害による悪臭、数千台もの車がいっせいにクラクションを鳴らす騒音だった。混沌に戸惑っていたぼくを、空港で迎えてくれたジョルディ・トサスとジョルディ・コロミナスが助けだし、広大な山々へと連れていってくれた。二〇一二年二月のことだった。

ぼくたちは三人だけでネパールとチベットの国境の谷に行き、四週間のあいだ、いわゆるデスゾーンよりも高い、空に触れるような山々を含む景観の一部になった。粉雪に包まれた斜面をスキーで滑り、巨大な氷壁を登り、果てしないモレーンを最高点まで歩いた。山頂までは登らなかったが、山腹や壁面でさまざまなことを試みながら歩くたびに、かつてないほどたくさんのことを学んだ。この非人間的な世界では当たり前の行動をすることがとても難しいということを知った。何事も全力で、不快に耐えて行わなければならなかった。

この遠征のことは、簡単に総括できる。三人の男、三つのバックパック、スキーが三組、小さなテント、食べものをシェアするためのスプーン、三人でフリーズドライの食事を一日に一食分。このすべてと山のなかでひと月過ごし、ヒマラヤの真の姿を教えられた。孤独な、隔絶した、人の少ない場所で、自分の存在の痕跡は雪の上につく足跡くらいしかないが、それも日の光に解かされるか新たに降った粉雪の下に埋もれて二、三時間で消えてしまう。できるかぎりシンプルな登山をしたいなら、ふたりのジョルディの勧める方法に従えば、世界中のどの山に登るのであれ、必要なものはすべて四〇リットルのバックパックに収めることができる。ぼくはそのバックパックを、縁いっぱいまでほかの宝物で満たすことになった。交わされる少ない言葉――だが、百科事典一冊にも匹敵する内容がある――のあいだの沈黙。少なさこそ豊かさであり、大切なのは何をするかではなく、どのようにするかなのだという発想。

登山は昔ながらの方法で、何も変えずに行うべきだと固く信じている登山家たちがいる。彼らは山のアーミッシュのような存在で、テクノロジーの進歩や、登山をより簡単にする新しい装備を拒絶する。こうした伝統主義者は山頂までのケーブルカーに乗ることも、滑落して命を落とすのを防ぐために固定ロープを使うこともない。楽に登れるようになる酸素ボンベにも頼らず、インターネットやおいしい食事が揃ったキャンプも利用できるのに、狭苦しいテントでフリーズドライを食べることを選ぶ。これはすべて、ヘリコプターで山に登るようなことをしたくないからなのだ。

山に着くと、それで生活の糧を得ているポーターに荷物を運ばせるのではなく、自分たちですべてを運ぶ。そうは言っても彼らだって買いものには車で行くだろうし、地元に戻ればエレベーターに乗るだろう。ナイトスタンドの明かりはロウソクではないだろう。だがそれはそれだ。

そうした人々がいるという話は聞いていたし、どこかで読んだこともあった。ときどき実物に遭遇することもあったが、彼らは社会に溶けこんでいて、ほかの人々ととりたてて変わりなかった。学校で物理や哲学を教えている教師が、知られることなくこうした種族に属していることもある。あるいは耳慣れない言葉で自分の仕事について語るコンピュータ・プログラマーや、バーコードを読みとるスーパーマーケットのレジ係、あるいは建設現場に近い往来で話しかけてきた人物がそうかもしれない。使うことのできる装備を拒絶するのを目の前で見るまではわからない。

二〇一二年のネパール旅行で、ぼくはこのカルトのメンバーふたりと関わることになった。そして気づいたときにはもう手遅れになっていた。ジョルディ・トサスとジョルディ・コロミナスだ。そのときからぼくもこの奇妙な人たちの仲間になった。はじめて取りこまれたことを自覚したのは、彼らと同じ言葉を自分も口走っているのに気づいたときだった——たとえば「山を自分たちの欲求に合わせるのではなくて、自分の能力を高めて自分を山に合わせなければならない」とか。いまにして思えば、進化に逆らうことは自分が進化するための完璧な方法なのかもしれない。

数年経った二〇一七年、冬が終わりかけていたころ、数週間ヒマラヤに戻った。前年の夏以来、どこを改善すればより優秀に、ジョルディ・トサスが言う〝スナイパー〟になれるかを考えていた。まず変えなければならないのは、差し迫った旅のことだった。エネルギーを浪費したりやる気を削がれたりしないように移動は短くする必要があったが、そのためにはしっかりと計画を立てなければならなかった。登山許可証を発行する中国チベット登山協会や旅行に関わるその他の団体すべてに、目的が観光ではないということを理解してもらわなければならない。カトマンズに立ち寄ったあと、目的地に着いてから順化を始めるというのは避けたかった。先に順化を済ませておいて、できるだけ早く山に行きたかった。

取り組まなくてはならない点のふたつめが順化だった。前年の経験に基づいて、本番で登るまえに高地で三〇〇時間、トレーニングや睡眠で過ごす計画を立てていた。トレーニングは苛酷で、朝はノルウェー西海岸の自宅付近の山々にスキーを履いて四時から一〇時まで入り、それから午後には高地で一時間、きついペースで走った。そのあとは疲れきってめまいが二時間ほど続いた。朝のトレーニングは身体だけでなく、山の環境で心地よく感じるための心の準備でもあった。高山では、環境が日常とはあまりに違っているため、普通に過ごすことも難しい。起こりうる状況のなかで身体と心があるレベルの快適さを覚えるように準備をしなければならなかった。これは「アクセプタンス・アンド・コミットメント」と呼ばれ、起こるかもしれない不確実なことを受けいれて適切に対処することを意味する。

不確実な状況では、感情をコントロールし、ときにはそれを押し殺して、理性と本能に従って行動しなくてはならない。

ぼくの心臓はドクン、ドクンと激しく、速くはないが普段より強く脈打っていた。一拍ごとに身体が震えた。まるで自分が生きていること、心臓がそこにあって、ぼくをこの世界に留めるために働いていることを思いださせるようだ。脚は前に進みたがっているが、正体のわからない何かが脚を押しとどめ、ペースを落とさせている。後ろを向いて平地へと戻るための口実を求めているのかもしれない。

恐れと欲望を同時に感じている。速度を落とし、前方の壁を調べる。一センチごとに慎重に読みとっていると、グローブのなかで手が、もうピッケルを握っているかのように汗をかいている。すぐに登りはじめられるならお金を払ってもいいと思うくらいだが、同時に、氷の壁面という形を取った未知の大海を進んでいくことを強く恐れてもいる。登っていく自分の身体を思い描いて何日も想像していた。やる気は十分で、それを実行するほかに求めるものは何もなかった。ところが逆説的なことに、ペースは速まるどころか遅くなっていた。感覚は集中し、ごく小さな信号も逃さないようにしていた。明瞭な意識のもとで中止し、これは敗北ではなく経験と判断力の勝利なのだと思えるような、決定的な口実を探している。

頭のなかで理性と感情が戦うなか、ぼくはゆっくりと壁面に近づいた。小さなクレバスが口を開けているその下でしばらく立ちどまった。ここで最後の決断をする。安全を求める本能と、困難のなかで最善の行動をしようとする気持ちのどちらが勝つだろうか。

二本のピッケルを壁面に突き刺し、登りはじめる。

登ってきた経路をたどって降りることはできるから、まだ戻れないわけではないが、前へ向かって登っていくしかないことはわかっていた。

氷の斜面は徐々に垂直になっていき、リズミカルで安定した、流れるような静かなペースで登っていった。最初の垂直な区間を過ぎると、いくらか安心できる場所に達した。乳酸が溜まりはじめていた腕を休ませ、伸ばしてリラックスさせながら下を見た。およそ八〇メートル先に、雪についた自分の足跡が見える。それはジグザグに曲がりながら壁面の下に達していた。さらに下を見ると、足跡の線は細くなり、谷の端で終わっている。

簡単な場所をさらに数メートル登ると、つぎの垂直な区間に着いた。高さは二〇メートルほどで、数センチの氷がなだらかな岩を覆っている。ピッケルを当てると、簡単に刺さる。簡単すぎる。それまでの堅固な氷ではなく、凍りかけの柔らかい雪が岩に張りついているのだ。ピッケルに体重をかけると滑り、脆い氷が壁面から剝がれ落ちた。くそっ！

この壁面のことは、ロムスダールにエミリーと一緒に来たばかりのころから気に入っていた。近隣にあるトロールの壁ほど高くはなく、ロムスダールショーン山ほど美しくもない。ぼくは町に行くたびに遠くからも近くからもその壁を見ていた。どの本や地図にも載っていないし、ルートもないことでさらに魅力は増した。六〇〇メートルの岩壁は北向きで、いつでも影のなかにある。町からはその形と、切りたった黒い花崗岩、壁のところどころを覆う薄い垂直な氷の滝が見える。そして壁面を斜めに流れる氷の樋《グロット》があり、片側から対角線上に落ちているが、地上から一〇〇メートルほどのところで途切れている。つまり一〇〇メートルのなめらかな岩を登らなくてはグロットの先まで到達できないということだ。ほぼ垂直で、道具がなければ登ることは不可能だ。しかし、運よく北からの風が壁面に横から雪を吹きつけ、湿度の高い海風によって雪と氷がしっかりと壁面に張りついていた。この贈り物のおかげで、毎日見ていたあのグロットまで登るチャンスが来た。

下から見るかぎり、垂直な壁面でぼくの身体を支えられるくらい分厚いはずだった。それでも、いまは疑念が全身を包んでいる。脳は壁を登れという指示を出したが、いったんそこに着くと、いま登ってきた八〇メートルを慎重に降りるという選択肢もあるという考えが湧いてきた。そこからスキーで家に帰るか、近くにあるべつの山に登ってストレスを発散してもいい。だが、駄目だ。もう一度アタックするため、その滝の弱点を探した。まずは右から登りかけたが、氷が薄い。堅固な氷があるところまで数メートル降り、腕を伸ばしてみた。グロットはほんの一〇メートル先なのに。そして、これで駄目なら諦めて降りようと、最後に左を試してみた。滝の端は岩の縁になっているのでそれまで避けていたのだが、そこには完全になめらかな垂直の面があり、氷の厚さは一〇センチほどだった。よし――行ける！　最初のピッケルを突き刺すと、滝の真ん中よりも氷は少ししっかりしていた。ここなら体重を支えられる。だが薄いため、ピッケルをしっかりと食いこませたら氷が分厚く割れてしまうだろう。ピッケルの刃を浅くそっと刺し、軽く氷の面に触れながら足を上げ、岩の割れ目にクランポンを差しこむ。息を殺しながら、垂直に二〇メートルすばやく登ると、そこから氷がまた厚くなった。氷の蓄積により二メートルほど崩れたところがある。ピッケルをしっかりと差しこみ、足の下に広がっているはずの一〇〇メートルの空間を見ないように通過した。片手か片足が滑っても絶対に落ちないように、ピッケルに強くしがみついていた。

グロットの先端に達すると、ぼくは深く息をついた。恐れは消え、アドレナリンが放出された。そこからは際だった難所はなく、あったとしてもそれがずっと続くわけではなかったが、脱出するには上へ進むしか方法はない。乗りこえられない困難に見舞われても、もう来た壁を降りて戻ることはできない。ぼくは一歩ごとに障害を越えながら、何も考えず直感を信じて進む方向を決めて登っていった。

何かに全力で打ちこむことと考えなしの愚行を分ける線は、かりにあるとしてもごく細いものだと多くの人が考えている。高所から落ちればたいていは死んでしまう。ありえないほどの運がなければその運命からは逃れられない。だが、何かに打ちこんでそれに成功した場合、たとえよく知った地形であっても、その背景には壁の下やほかの峰からコンディションを慎重に調べ、入念に計画し、困難について何度も吟味するという準備があるのだ。

難しいクライミングによるリスクを頭に刻みこみ、それを克服するだけの能力が自分にあると知っていなければならない。クライミングは簡単なものから、極端に難しいものまで難易度がさまざまで、それに基づいてやめるかチャレンジするかを決める。もし落ちたら、それは自分のスキルを過大評価したか、装備の選択も含めたミスをしたかのどちらかということになる。

また山そのものの危険にも注意しなければならない。雪崩のリスクや、氷の質、緩んだ岩、天候――数多くの要因が関わってくる。だがどれほど打ちこんでいても、つねに偶然という要素はあり、すべてをコントロールすることはできないと受けいれなければならない。数多くの手段を用い、必要ならば的確ですばやい判断をしなければならない。

リスクの感覚は個人的な問題だ。そこには個人の能力や経験、その山のコンディションや難しさも関わってくることはたしかだが、登山に打ちこむことはつねに個人的な選択だ。

岩壁の最後の区間に達すると、尾根にできた突起が目に入った。そこまでの数メートルを静かに登り、壁の頂上から山頂に達し、反対側から降りてきた。

まだ一日が始まったばかりの早い時間だったので、つぎつぎに三つの峰に登っていると、気がつけば太陽が地平線に削りとられていた。ようやくぼくは、その日の恐怖に打ち克ったことに満足して家に帰った。

ぼくを永遠に変えた出来事

巨大な熱帯樹の下で日陰を探していた。暑さのせいで、広い河床がオープンに変わっている。開けた岸辺に着くと、深い峡谷の幅が少し広がり、鬱蒼《うっそう》としたジャングルを通して太陽が照りつけていた。日光で肌が焼けているが、そよ風が吹いて、むせかえるような湿った空気を運び去っていた。ぼくたちは埃と泥にまみれていた。

カトマンズへ連れ帰ってくれるヘリコプターを一日中待っていた。岸辺からいちばん重い石を運んできて、それをヘリコプターが着陸できる平地の目印にした。ところが、空からはなんの音も聞こえてこない。ぼくたちは重い遺体を何度か運ばなくてはならなかった。ビニール袋で包んではいるが、日射しに当たって耐えられないほどの悪臭だった。

その前日、ぼくたちは崖が崩れて道に埋まった名前もわからない人々の遺体を、岸辺を探して運んでいた。遺体は信じられないほど重い。通行が難しいところでは、五、六人で抱えなければならなかった。そしてどうすればいいかもわからないまま、残ったわずかな食料をイスラエル国防軍ツァハルの六人の兵士と分けあわなくてはならなかった。こうした奇妙な雰囲気で、あまり会話も交わしていなかった。

この二〇一五年春、彼らはネパールで起こった地震に巻きこまれた仲間の兵士を探しに来ていた。そしてぼくたちはサミッツ・オブ・マイ・ライフの一環で一週間前にエベレストに着き、荷物の準備をしていたところだった。そういうわけで、三人の熱心な平和主義者と、ガザ地区との国境から来た六人の兵士という奇妙な取りあわせができた。そろそろ疲れが見えはじめていた。

彼らは仲間の生存を確認できなかったが、必ず祖国に遺体を埋めると決意していた。ぼくたちはあまり考えもせず、瓦礫の下に埋まった三〇〇人もの犠牲者をひとりひとり掘り起こすという、費用がかかる大変な事業を手伝っていた。

ここ数日、ぼくたちは谷を登り、数十の遺体を見つけていた。それを衛星通信でカトマンズの大使館と、その応援に配備された各国の軍隊に伝えた。ネパールでは地震が起こると大災害になる。家々は石造りの避難所くらいのもので、少しでも揺れれば崩壊してしまうためだ。

谷間に散乱したほかの遺体はどうなるのだろうか。富裕な外国人旅行者と、そこで同じように岩の犠牲になったネパールの子供たちや老人たちとのあいだは、恐ろしいほどの深淵によって隔たれていた。

この地震による被災者には、多額の国際的な援助が集まった。ネパールは貧しいが、裕福な国々から毎年一〇〇万人の観光客を受けいれている。この国を通常の状態に戻すために大がかりな手段が取られたのはそのためだ。だがさまざまな集団の人々がこの地にいるにもかかわらず、まともな協力態勢はできておらず、おまけに政府はできるかぎり多くの寄付金をかすめ取ろうとしていた。またかなり多くのエネルギーが意味のない官僚的な手続きに割かれていた。

ごく小さな支援をしたにすぎないが、セブ・モンタスとジョルディ・トサスとぼくにとって、この経験は記憶に刻みこまれた。一カ月のあいだ、最初は軍隊とともにランタン谷での死者捜索と身元の特定、その後さまざまなＮＧＯがガネッシュ山群方面の最も高く、通行の難しい地区に暮らす生存者に食料を援助し、被害を調べるのに手を貸した。そこへは、数日かけて走っていくほかに到達する手段はなかった。最後には、ぼくたちは疲れはててしまった。

そこを離れるときには、おおむね調子のことやレースの手配のことだけを考え、ランオから流れるニュースに気まぐれで興味を持ったり持たなかったりするという普段どおりの生活に、できるだけ早く戻ろうとした。短いあいだだが、ぼくたちは現実に起こった深刻な問題を経験していた。他者の命を救うために食べ、眠り、生きていた。そうしたすべてをあとに残し、ぼくは新たなページを開くことに決めた。飛行機の行き先を変更して直接ゼガマに向かい、その翌日にマラソンを走ることにした。

レースでは序盤から好調だった。一カ月高地で過ごしていたことは有利に働いた。だがそれでも、数千人の観客に囲まれて走るぼくの意識はどこか遠くにあり、そんなつまらない、非生産的な行為で表彰台の中央に立つことや、ランナーやファンの姿から来る高揚感に浸ることに罪悪感を覚えていた。べつの場所、ほんの飛行機一本で行ける場所には、まったく異なる暮らしがあるというのに。

この世界には平行したふたつの現実があり、そのそれぞれが観察しあってはいるが、たがいを理解しようとはしない。ぼくたちは朝起きてニュースを見たりツイッターをチェックするとき、まるで自分があらゆる場所にいるように錯覚する。バクダードを攻撃するテロリストやスペインのムルシア州での抗議行動、ギリシャ沖で沈没した難民船の画像を見る……そしてぼくたちは誰もが親や子、もしくは移民だから、まるで自分のことのように感じる。その何秒かあと、今度はその出来事とは関係のない政治家のコメントを読み、讃えたり怒ったりする。そのつぎは拡散された動画に気を取られ、そのくだらなさに腹を抱えて笑う。つぎは……つぎは……あらゆるものが近くにある。ぼくたちはあらゆるものをバーチャルに体験する。しかも毎日簡単にアップデートできる。だがやがて、すでに知っているニュースにうんざりし、読みながら違和感を覚えるようになる。書かれていることの無意味さに気づいて、はっと驚く。そして結局、自分がよく知らない地域のニュースがまるで信じられなくなる。事実を見せかけが覆いつくし、複雑な問題が、人々の関心をメディアに集めるための安易な主張に単純化されてしまう。そのあいだも不正は続き、議論がなされることもなく、人々は変わることなく苦しみつづける。「いいね」を押したりリンクをシェアしたりしても、ふたつの平行した世界は決して交わらない。

ぼくたちの社会ではここ数年、セルフイメージが、金銭や物質的な面での実際の幸福と同じくらい重視されるようになっている。最近まで、個人的なイメージを追求するのは政治家かポップ歌手くらいのものだったが、いまでは誰もそこから逃れられない。それが始まったのは、起業家たちの「自分自身をブランドにしよう」といったスローガンとともに、誰もが自分をあらゆるものの中心に置くようになったときだ。それから、企業は応募者のSNSのプロフィールをもとに採用するようになった。あるいはハイテク産業の多国籍企業が、本当に独特な人物なのか無駄な存在でしかないのかという人の評価を、コメントにどれくらいの「いいね」がつくかで判断するようになった。また、自分が何を食べたか、どんな音楽を聴いたか、どこで靴下を買ったか、誰を尊敬しているか、つぎの休暇にどこに行こうとしているかが、調べれば誰にでもわかるようになり、プライバシーは失われた。ぼくたちは強迫観念のように、まるでハンバーガーのパティのように、必死で型にはまろうとしている。ぼくたちは自分から、あるいは外部の力によって、商業的な世界の小さなピースになってしまった。

「自分」と「自分のもの」のあいだの区別はますますなくなりつつある。多くの人は、自分が「どんな人間か」は、自分が「何を持っているか」で決まると考えている。身体や精神的な機能、衣服、家、夫や妻、子供や友人、さらには評価や仕事、銀行口座。何を持っているかがものの見かたを決め、自分が本来どんな人間なのかということへの興味は失われつつある。満足するか不満を覚えるかは、ある名詞に肯定的な形容詞をつけられるかどうかによる。この流れを変えるのはかなり難しいことのように思える。

スポーツもこの変化と無関係ではない。むしろ、ほかの分野よりも早くから、より強い影響を受けている。現代の商業的なスポーツは見世物であり、見世物には観客が必要だ。そしてその観客は、もはやスタジアムにはいない。いや、こうも言えるだろう。彼らはちゃんとそこにいる――世界という巨大なひとつのスタジアムのなかに。そして誰もが自宅にある、好みのシートで観戦している。アスリートは二四時間いつでもアスリートであり、トレーニングに加えて、〝本物の〝生きかたをして、あらゆることに〝見解〟を示さなくてはならない。そして、それを語る相手は自分を理解してくれる身近な四人だけではないので――観客はもはや少数派ではなく世界中にいるのだ――すべてを率直で単純な言葉で表現しなければならない。そうして、マシンガンのような速度で情報を消費する人々の関心をつかまなくてはならない。観客の息を飲ませ、面白いうえに興味深いもので注意を引くために、与えられた時間は五、六秒しかない。複雑な説明や〝無意味な〟詳細は必要とされていない。それらは少しばかり、深い関心をかきたてすぎるからだ。ニュースやアスリートをはじめほかの人々との争いに勝つためには、わかりやすい見出しや、簡単に理解し、比較できる数字を追い求めなければならない。

こうしたことは人々に〝触れる〟ためのものだが、誰にでも触れるためには無視しなければならないものがひとつある。ぼくたちはもはや、自分に触れることはできないのだ。こうした観点の変化は、あまり意識されないままに起こった。ぼくたちは観客に見られ、分析されているとわかったうえで行動し、考え、書いている。その結果、何をやるかということも、またその方法も変わりつつある。

ぼく自身も、こうした影響を受けていないわけではない。人々はぼくにもっとたくさんのレースで勝つことを望む。そしてそれはぼくにとって難しいことではないから、その期待に応える。だがそこでは終わらず、これこれこれの峰で最速タイムを更新してほしい、これこれこれの山を登ってほしい、適切な発言をしてくれ、正しいとされる見解に同意してくれ、と要求は終わることがない。長いあいだ、ぼくが求めていることと人々がぼくに求めることは一致していたのだが、いまではよく自分でもわからないまま、そこに相違が生まれ、ぼくは他人が立てた計画の囚人になってしまっている。

二〇一五年にネパールから、西洋の豊かさと地元の貧困が対照的だったあの荒廃した場所から戻ったとき、ぼくは平行した世界の偽善を強烈に感じ、また自分が望まないうちに、あらゆるものは一瞬にして崩れ去ってしまうのだということをはっきりと知った。その運命の日が来たときに、存在しないかもしれない未来を待って何かをしてこなかったという事実に直面するのは嫌だった。そしてもっとレースで勝ち、名声や金を手に入れるということだけに、自分のキャリアを左右されたくなかった。たとえこの決断がこれまでに築いてきたぼくのイメージを破壊することになったとしても、ぼくは〝キリアン・ジョルネ〟を、その人物像を消し去りたかった。

言葉の持つ意味は重要だ。人の名前には月日とともにさまざまな意味がつけ足され、単なる呼び名ではなくなって、捨てられないものが詰まったバックパックになる。まわりの状況を理解し、制御できないと人は不安になる。だからそれを理解し、自分のものにしたという幻想を生みだすために、あらゆるものに名前をつける。名前のない場所は、存在しないのと同じことだ。言語は思考の乗りものであり、考えているもの、見ているもの、感じているものに正確な表現を見つけなければ、あらゆるものは忘却の彼方に消え、それは〝存在〟していなかったことになる。

哲学の学派はその呼び名で人々に知られる。人には名前がある。それは山も同じだ。グリンデルヴァルトの人々は自分たちがその陰で暮らしている山を、意味もなく「アイガー(人食い鬼)」と呼んでいるわけではない。イタリア人たちも同じように、アオスタ渓谷にそびえる三角の山を「チェルヴィーノ(イタリア語の「チェルヴォ」はその地域に多いアカシカを意味する)」と名づけ、反対側のスイス人はそれを「マッターホルン(牧草地の山頂)」と呼んでいる。また、論理的な記述による名前もある。モンブラン(白い山)や、フォークのような形をした岩の峰から名づけられたペドラフォルカ。エル・プーロ(純粋なシガー)という名のスペインの岩壁や、ピク・デュ・ミディ(子午線の峰)もある。ときには奔放な想像力が働いて、自然のなかに人間を見いだすこともある。ワイオミング州のグランドティトン(乳房のような形をした三つの峰)。モンセラートのカバル・ベルナの場合、カタルーニャ語の「カバル」はペニスを意味する。ヒマラヤのシヴリンもやはり、サンスクリット語で男性器の意味も持つ「リンガム」と関わりがある。また、山には超自然的な性質があるという信念から来ている名前もある。モンモディ(呪われた山)、エギーユ・デュ・ディアブル(悪魔の岩峰)、ピク・デ・リンフェルン(地獄の峰)、モンテ・ディスグラツィア(恥辱の山)など。あるいは想像ではなく、地形学者が慣れない国の山を文字列や数字で表した、K1やK2のようなケースもある。また、その地の人々がすでに呼んでいる名があることを無視して、〝発見者〟の名にちなんでつけられたものもある。マッキンリーやクック山、フィッツロイ、ピコ・ルセルなど。エベレストもこのひとつだ。大英帝国の時代、植民者がインドの地図を作成し、その峰を「ピークXV」と呼んだが、その後、世界最高峰であることがわかり、インド測量局長官ジョージ・エベレストの名を与えた。チベット人たちが三〇〇年以上もまえからチョモランマと呼んでいたことは問題にされなかった。その後、たくさんの観光客が訪れていることを知ったネパール人はそれをサガルマータと呼び、さらに名前を増やした。

言葉の強さは恐れを起こさせる。発音のしかたで、その意味まで変化するからだ。穏やかにも、恐ろしくもなる。卑小にも壮大にもなる。だが重要なのは、山は人がそれに与える名前に先立って存在するということだ。どんな名で呼ばれようと、山は変わらずにそこにある。それは人に名前がなくてもやはり存在するのと同じことだ。そして、たとえそれを表現する言葉が見つからなくても、感情は生じる。

このとき、ぼくは気づいた。心の底では、自分が名もない山々をまた登りたいと思っていることに。そうすれば、言葉にならない感覚が味わえるかもしれない。

ネパールの地震から三年が経ち、ぼくはノルウェーの、エミリーと暮らす農場にいた。先週、ヒツジたちが金網を飛び越えられることに気づいてしまったため、建てたばかりの柵を補強しなければならなかった。彼らはその能力に目覚めるとすぐに、チャンスがあれば映画『大脱走』のように柵を飛び越えるようになったが、そのうちに一頭が失敗して柵に絡まった。ヒツジはこの痛い経験で、自由を求めたときには罠にはまることもあると学ぶことになった。

ヒツジたちが新しい柵をいつまで尊重してくれるのかわからなかったし、もう一度逃亡しようとしてさらに高くジャンプする可能性もあったので、予防のため何カ所か柵を高くすることにした。午後にその仕事を終えるために、午前中に町に出て柱と必要な長さのワイヤーを買うことにした。店で材料について尋ねると、店員はすぐさまぼくが話すノルウェー語の訛りに気づいた。買ったものを車に積む手伝いをしてくれているとき、彼は完璧な英語で、満面の笑みで、外国の人がこの発展性のない山奥で暮らしているのは嬉しいことですと言った。そして、あなたはモロッコ出身ですかと尋ねた。ええ、とぼくは答えた。だいたいその辺りです。

あまり得意ではない大工仕事をこなし、どうにか柵は完成した。ぼくはひとつのところに縛られるのは好きではないのだが、仕事の成果を見るのは嬉しかった。急に、家を離れて山に登ることができるのはエミリーのおかげなのだという気持ちが湧いてきた。

初夏のその季節には、太陽は沈まず、長時間のランニングにはいい時期だ。ランニングは純粋で、単純で、人間的だ。いちばん近いのは歩くことだろう。ただランナーは疲れたときしかそれをしない。どちらも、移動するという人間の最も基本的な目的を満たす。ぼくにとって、これが生きるうえで基本的な原動力だ。それがないと、何も学ぶことはできない。また、いったんある方向へ進みはじめたら、どこまでも無限に枝分かれしていける。

一年中、ぼくは毎日トレーニングのためにランニングかスキーに出かけるが、トレーニングと遠征には根本的な違いがある。目標を達成できるかどうかの不確実さだ。そして長いあいだ怪我のために活動を制限されていたから、いまは自分を試し、もう一度強烈に生き、具体的な活動で自分の限界を知るための何かがしたかった。長い旅に出ることにはあまり魅力を感じなかった。美は普段の暮らしのすぐそばにある。そして、シンプルだがかなり苛酷な遠征をすることに決めた。家を出発し、山に登り、峰から峰へ尾根をたどって、脚がもう十分だ、もう前に進めないと言うまで走りつづける。

七月末のある金曜日、山で数日間動きつづけるのに必要になりそうなものをバックパックに入れた。ジャケット、グローブ、エナジーバー二〇本ほど、短いロープ、ピッケル、まあそれくらいだった。朝食のあと、いつもと同じように走りに出かけた。ただこのときは、いつ帰ってくるかはわからなかった。エミリーは谷間を悲しい灰色に染める霧のなか、最初の峰までついてきた。一〇〇〇メートルほど走ると雲を抜け、まるで脱脂綿の海の上を走っているような心地よさのなかを走った。顔は陽光で温まり、目には水平線に浮かぶ尖った島々が映っていた。ここにずっといたい。雲の上を、峰から峰へ尾根伝いに走って山とひとつになっていたい。エミリーと別れた。彼女は家に戻り、ぼくは尾根の上を、まわりの雲に飲みこまれないようにバランスを取りながら走りつづけた。雲は白くて柔らかいが、落ちたときに受けとめてくれるわけではない。

普段、遠征に出かけるときには最初にストップウォッチをセットする。だがこのときはしなかった。スピードはぼくのＤＮＡに組みこまれているが、急ぎたくはなかった。記録を残さずに遠くまで行きたかった。

一歩ずつ、石から石へ、峰から峰へ、尾根をたどっていく。太陽の熱は強くなり、ぼくは雲の上にひとりいる。ほかのみんなは灰色の霧を嘆いていて、近くにこんな天国があることを知らない——ここへ上がってくればいいのに。美しい地面が目の前にヘビのように開けてくる。彼方に見える数十の峰が、細い岩の帯でつながっている。その上にはさらに数十、そしてその上にも見えるが、遠くて霞んでいる。それでも、踊るように進みながら、面白さを増す危険と戯れながら、そこに近づいていく。コンフォートゾーンの外には出ていないが、安全を保つためには努力が必要だ。ぼくはそこに私的な、親しい空間を作りだしていた。

時間はわからなかったが、身体は時間などなんでもないという幻想にはだまされなかった。もう七〇〇〇メートルは標高を稼いでいて、疲れが出てきていた。ずっと走ってきた尾根は途絶え、隣接する山脈を登り、新しい尾根を走るために谷に降りなくてはならなかった。岩と雪のエリアを離れて森に入ると、木々がしだいに茂っていき、やがて海の匂いがしはじめ、人家が見えてきた。この緯度では、夏には太陽が沈むのは二、三時間ほどだが、ちょうどその時間に当たっていて、町を通りすぎるときには地平線に黒い点が見えた。まだ眠っている町を通過するときは、邪魔をしないように家々の前を静かに谷の反対側へと駆け抜けた。海の匂いや茂った植物をあとにして、やがてぼくが最も落ち着く、鉱物だけの世界に達した。

まだ影に覆われたつぎの尾根に入った。狭い、垂直な壁がどこからとりつけばいいかを示している。四〇〇メートルほどの赤い壁がそびえている。近づきながら弱点を探したが、まるでわからなかった。壁の下まで来ると、割れ目があり、ふたつの面が頂上まで続いているのが見え、登りはじめた。さほど難易度は高くない。とはいえ、集中を保って正確な動作で垂直に登らなくてはならない。スニーカーが花崗岩に優しく吸いつき、指は割れ目を崩さないように繊細に動く。人があまり登ったことがないこうした場所を、しかもロープで安全確保せずに登るときは、しがみつくのではなく撫でるように触れなければならない。握ったり踏んだりするまえに、手や足で軽く叩き、体重に耐えられるかどうか確認する。垂直な壁面と踊るように、一歩ごとにその腰を抱いて許可を得る。一歩でも間違えば落ちて傷つくことになる。

上のほうに達すると、壁は角度がなだらかになり、そのぶん堅固でなくなった。

割れ目は広がり、頻繁に現れるようになり、そのあいだに草が生えている場所が出てきた。それが唯一の漆喰となって岩を壁面につなぎとめている。何カ所かではピッケルを取りだして茂みに刺し、安全を確保しなければならなかった。ゆっくりと着実に、障害物を越え、尾根に達した。ふたたびそれほど危険ではない場所に入ると、身体がまた猛烈に疲れていると伝えてきた。一時間おきにエナジーバーかジェルを食べてはいたが、もうきっと二〇時間以上も、一秒も止まることなく走り、登りつづけていた。疲れという毛布が夜のようにぼくを包み、完全に覆っていた。

どうしようもなかった。どれだけ食べても、脚にエネルギーは戻ってこなかった。軽い足取りで走っていた記憶はまだ新しいが、もう走ることはできず、岩の上で足を引きずるしかなかった。景色は前に進まず、尾根と尾根のあいだには永遠の時間が横たわっているようだった。

このまま続けてどうなるのか、という疑問が湧いてくるのはこんなときだ。身体は痛み、眠ろうとし、動きはぎこちなく、走りにくい区間では一歩ごとにさらに集中しなければならず、ペースはそれまでの半分に落ちた。頭は疲労と戦い、草に寝ころがってひなたぼっこや居眠りをして、しばらく息を整えられる場所を探したが、それは無理なことだった。太陽の光がその山を照らすにはまだ時間があったし、まずはもっと難しいところを越えたかった。これから縦走する尾根にはさまざまな形と大きさの十数個の岩峰がそびえている。人が四人で手をつなげば周囲を一周できるような細いものから、半径五〇〇メートルほど、高さ数百メートルのものまである。

眠気と脚の抵抗と戦いながら、どうにか意地で走りつづけ、尾根の最後の峰に着いた。しばらく空を見上げ、下へ落ちている壁面について考えた。麓の川まで、切りたった一五〇〇メートルの壁だ。石を落としても壁をこすることさえなく川に吸いこまれるだろう。

尾根の縁に近づき、ロープをほどいた。体重を支えられるくらい堅固な岩を見つけ、ロープを身体に結んだ。細いロープで、懸垂下降が終わったあと、壁に残さずに回収することができた。三回下降すると氷河に達し、滑って降りることでエネルギーを蓄えることができた。すぐに谷の底に達した。そこからは道路で、二〇〇〇人の人々が暮らすオンダールスネスに着いた。急に多くの人に会ったことで、誰にも出会わずにまる一日以上走っていたのだと気づいた。

ガソリンスタンドで何本かエナジーバーを買った。パン一枚とチーズを食べ、三〇分仮眠を取ると、出発したときの元気が戻ってきた。ぼくはまた走り、つぎの尾根を登り、さらに走って登って、峰を越えていった。そこは観光客の多い場所で、ときどき景色を眺めたり、壁面を登ろうとしている人々に出会った。ルートには活気があった。ぼくはそれを利用して自分を駆りたてた。あの赤いジャケットの人よりも先に登頂できるだろうか。ロープを使っているあのチームのミーティングが終わらないうちに追いつけるだろうか。そんな子供じみたゲームで眠気を振りはらった。

こうした方法で数時間疲れをごまかしていたが、やがて全身に疲れがまわった。足は重く、脳の指示に従わなくなった。午後遅い時間だが、日が暮れるにはまだ四時間ほどある。目の前には、この地域の最高峰が待っている。長い下りがあり、暗くなるまえにそこに達したかった。まだ日に照らされて雪が柔らかいうちなら、速く安全に降りることができる。数時間後、暗くなったあとでは、ガラスのように氷面が硬くなるだろう。

走っている尾根は難しくはないが、複雑で左右は切りたっていて、ある程度の集中が必要だった。ぼくのいまの状態では、頂上まで安全に到達するには三、四時間かかるだろう。とても眠かった。視界はぼやけて、目の前の道もはっきりしなかった。動きながら眠ってしまいそうになるというのはかなり不安な状況だ。そして岩のあいだに、よさそうな狭い草地があった。そこに横になって目を閉じ、赤ん坊のように眠ることを想像すると、深い幸せに包まれた。こんな幸福感と張りあえるものはほとんどないだろう。靴と靴下を脱ぎ、それを日向に干して、ジャケットをクッションの形に丸め、三〇分後に鳴るように携帯電話のアラームをセットし、柔らかい草に横になった。眠りが襲ってきた。

深く眠っていると、アラーム音に起こされた。時間だ！　太陽はまだ頬を優しく撫で、そよ風がむせるような暑さを吹き飛ばしている。ほとんど機械的に、靴下と靴を履き、何もなかったかのように出発した。一分後には身体が目覚め、ジョギングを始めて最初の壁面まで走りつづけた。両手は簡単に任務を遂行し、足も軽く反応した。どちらも数時間前にはなくしてしまっていたものだ。尾根はまるでもっと短い距離を走っているように足の下を過ぎていき、ぼくは興奮というより幸福を、身体と精神が調和したときに得られる感覚を覚えていた。ほんの一時間ほどまえに、目を開いていることさえ苦しく、やめて家に帰ろうかと考えてあれほど苦しんでいたのが嘘のようだった。そのすぐあとに、まるで目覚めたばかりのように、世界のなにものとも代えがたい喜びを感じながら足取り軽く走っている。こんな感覚は、この新鮮な幻想は、すぐにべつの感覚へと変わってしまうことはわかっていたから、それをできるだけ強く味わいたかった。

山頂まではたった一時間だった。そして太陽が沈むあいだに、柔らかい雪の上を滑り降りた。尾根の途中で、日の当たらない側へ進路を取り、暖かい、人がよく通るルートを離れた。これで二〇時間は誰にも会わないだろう。

湖や滝が数多くあり、水には不足しなかった。尾根ではふたたび強度が疑わしい、ひびの入った岩が影に覆われ、身体の元気も太陽とともに消えてしまった。ぼくはまたすっかり萎れてしまった。極度に疲労しているとき、人は怠惰や消耗のせいで危険を冒しがちだ。家を出て四〇時間を過ぎたころから、ぼくは自分の精神の罠に落ちないように、怠け者のキリアンが勤勉なキリアンを負かさないようにすることにエネルギーを使った。単調さによって疲弊しないように、あるイタリアの歌を何度も繰りかえし歌った。「だがわたしもまた幸せなジンガリ〔ジプシー・ロマなどとも呼ばれる、ヨーロッパの移動型民族のイタリアでの呼称〕に会った。追いかけあい、愛を交わし、土地をめぐる。わたしもまた幸せなジンガリに会った。ジンガリに……」

ふたたび太陽が地平線の上に昇り、暖かくなってきた。また雲の海が高い峰を包んだ。降りる途中で渡った流れで立ちどまり、数日分の汗で汚れた顔を洗った。冷たい水に生きかえるようだった。水を飲みすぎて、腹の調子がおかしくなった。岸辺から少し歩き、草の生えた窪みで身体を伸ばした。太陽の暖かみのなかで眠った。

いくらか回復し、つぎの尾根を登りながら、残っている峰を指で数えた。あと五つで、尾根を伝ってフィヨルドを一周することになる！　疲れの底に沈んでいた三〇時間前にここまで来られると誰かに言われても信じられなかっただろう。そしてようやくここまで来た。五つの峰は多い数ではない。だが五〇時間で一六〇キロ以上の距離と二万メートルの高低差を走ってきたいま、残りの四〇〇〇メートルはできるだけ大切にしたかった。そこで、三〇分の仮眠で充電し、残りのルートの光景にも力を与えられて、その岩だらけの峰を全力で走っていった。

終わりが見えたという興奮からか、それとも疲れからか、ぼくは何十時間も唱えつづけてきた文句を忘れていた。道の真ん中を通ろうとして、足の置き場にあまり注意せず、雪が残った最後の区間を通るときに小さなクレバスの底まで落ちてしまった。雪はとても柔らかく、膝までずぶ濡れになった。固いだろうと思って渡った雪の橋が足元で折れてしまったのだ。穴はそれほど深くはなく、せいぜい二メートルほどだが、滑る灰色の岩に腰を直接ぶつけてしまった。鋭い痛みが背筋を走った。ぼくは少しのあいだ腰を下ろして深く呼吸し、痛みが和らぐのを待った。どうやらそれほど深刻なことではなさそうだ。身体はどこも支障なく動かせるし、尻のこぶ程度ならしかたのないことなので、雪の上をまた進みはじめた。最初からそうするべきだったのだが、石のあいだに道を探して慎重に歩いた。「ほんのかすり傷だ」と声に出して、また走りはじめた。

痛みのことはすぐに忘れて、最後まで行こうという誓いがエネルギーを与えてくれた。峰はあと三つ、ふたつ、そしてついに、狭い尾根を登ってフィヨルドの最後の峰へ向かった。疲れきった身体を投げだし、どこかで休憩したかった。そのとき、雲のなか、どこか遠くから、尾根を伝ってエミリーが現れた。彼女は手に持ったサンドイッチとキスでぼくを待っていてくれた。一緒に最後の峰に登り、町まで降りてきた。ぼくはしばらく車のトランクに腰かけてじっとしていた。飲んだり食べたりもせず、皮膚のように張りついていた服も脱がずにぼんやりと道を眺めていた。頭は空っぽだった。たぶんこの空白のなかに、ぼくたちのあらゆる活動のもととなる力が宿っているのだろう。そのあいだはしばらく、過去も未来もなくなる。

たぶんそれは愚かな行動だったのだろう。ピエラメンタで腓骨を折ったときからまだ三カ月しか経っていなかった。リハビリの一環として勧める医者などどこにもいないだろうし、ぼくの医師は気づいてもいなかった。たぶんいまだにそうだ。けれども、ぼくはまさにこのために生きているのだ。失敗のリスクは高いと知りつつ、未知のことにチャレンジするために。回復度合いの確認のほか、関心があったのは自分が得意とするふたつの活動を結びつけることだった。長距離走——一六〇キロや二〇〇キロは苦もなくこなせる——と、クライミングだ。クライミングでは、つぎからつぎにさまざまな壁面が出現したとき、自分がどう反応するかはまだわかっていなかった。結局ぼくの場合、強烈な喜びを感じるためにはコンフォートゾーンの限界まで行き、自分なりのやりかたを駆使して、その限界を広げなければならないのだ。

春のエベレスト

ノルウェーの冬が終わった数週間後、去年の夏と同じ粉雪と岩の遊歩道、エベレストに戻ってきた。そこでは何もかもが変わっていた。

八カ月前にはほぼ姿が見えたモレーンは、およそ想像できるかぎりの、あらゆる形とサイズ、色のテントで埋まっていた。あのとき雪崩に襲われながら降りてきた尾根は、平穏で危険のない固い雪の斜面になり、雪の始まるところから山頂までずっとロープのついた杭が続いていた。ロンボクと標高八三〇〇メートルの最後のキャンプのあいだを、およそ三〇〇人が歩いている。そのうち半分は登頂を目指している人々で、残りの半分はそれを達成する補助として働いている人々だ。去年はぼくたちが唯一のキャンプだったが、いまはこの多国籍の小都市で誰もが懸命に登頂の準備をしている。

セブとぼくの登山許可証は、数週間前に入山しているべつの遠征隊と共同のものだった。ぼくは近隣のチョ・オユーでエミリーと一週間過ごしてからここに来た。セブはチベットからアルプスへと移動して数週間高所に滞在し、フランスから着いたばかりだったが、夜になって調子が悪くなった。胸が痛み、唾液に血が混じった空咳が出た。肺水腫の症状だ。アドバンスト・ベースキャンプ〔ABC〕へ進むのを数日待って身体を休めなくてはならない。

初日に、許可証を共有している遠征隊のメンバーのところへ行った。ひとりは医師だが、登山の専門家ではなかった。セブの症状を確認すると、彼は心配そうに言った。「これはかなり深刻だ。肺水腫を甘く見ちゃいけないよ。すぐに下山すべきだ。薬を渡しておこう、明日起きたら――」

優しい医師がその言葉を言い終わらないうちに、セブとぼくはいたずらっ子のように笑い声を上げていた。症状についてはすでにわかっていたし、つらい状況ではあるものの、大きな危険というわけではなかった。二、三日休めば登れるだろう。せいぜい、麓の山に戻って数日療養する程度だ。数年前エルブルス山に登ったときにも同じことが起こったが、高度を下げたら回復した。

その夜は調子が悪かったが、翌日は気分がよさそうだった。回復のためにもう一日とった。三日目に目が覚めると、セブはキャンプのまわりを走れるようになっていたので、去年はヤクが行きたがらなかったABCへ登ることにした。

キャンプを設営すると、トレーニングと順化のために外へ出て、山の状況を確認した。去年途中で断念した北壁の東側からの登りもまだ頭にあったが、みなと違う方向へ歩いていった。北へ向かう通路で別れ、氷河を渡って北壁の麓に来た。雪は夏よりもはるかに少なかった。つまり雪崩も少ないってことだ！　これはまた、氷がはるかに多いということでもある。

斜面を登りはじめた。足元の氷は岩のように固い。覆っている一〇センチの雪は表面を白くしているだけで、クランポンとピッケルを氷に差しこむことでどうにか体重を支えた。あまり急ではなかったので、数百メートル登っていった。突然ぼくは立ちどまり、いったい何をしているんだと自問した。危険なんじゃないか？　去年このコンディションに直面していたら、何も考えずに登りつづけただろうが、いまはそれほど気楽ではなかった。一週間前に起こったある出来事のせいで、いつもよりリスクに敏感になっていた。

そのまえの週には、エミリーとチョ・オユーにいた。ノルウェーでの順化とトレーニングは完璧で、それから——毎回変わらず苦しめられるネパールでの手続きの遅さと戦い——たった三日で、新鮮なやる気十分の状態でチョ・オユーのベースキャンプに入った。

そこでの二日目に、山のなかにいるときにメッセージを受けとった。その朝、ぼくたちはキャンプから六〇〇〇メートルまで登り、調子は最高だった。ところが降りたあと、笑顔はすぐに消えることになった。気象情報を確認するため衛星電話の電源を入れ、電話が電波を探しているあいだ、テントの整理をした。しばらくして、メッセージが入ったことを告げるブザーが鳴った。この番号を知っているのは、いま隣にいるエミリーとエージェントのジョルディ・ロレンゾのふたりだけだ。使うのは週に一度だけで、こちらから調子はいいと話し、それを家族に伝えてもらっていた。メッセージが入っているということは、何か重大なことが起きたに違いない。ぼくは電話を取り、画面のロックを解除した。

「ウーリーのことを聞いたかい？　ヌプツェで亡くなったんだ」

目の前が暗くなった。ぼくの価値観は、それを支える柱のような人が山で亡くなるたびに崩れてしまう。そして、さまざまな疑問が湧きあがってくる。「ぼくたちがしているのは正しいことなのか？」「リスクを冒して山に登ることになんの意味があるのか？」「いったいどこまでのリスクなら、活動による喜びのほうが、それによって失われる可能性のあるものより大きな意味があるといえるだろうか?」

山に登るのは、生きるためであって死ぬためではない。だがときどき、よくわからなくなる。それからウーリーの妻ニコルと、まだ何が起こったかを知らずにぼくの横にいるエミリーのことを考えた。


山の上は、痛みから解放される場所だ。ぼくは、決して死を目指してはいない。

このつらい知らせを聞いた翌日、また登った。いいペースで歩き、七五〇〇メートルまでかなり早く到達した。体調はよく、順化はうまくいっているようだ。ヨーロッパを発ってからまだ八日しか経っていない。

悪天候が迫ってきていることはしばらくまえから気づいていたので、下山して、登頂はつぎの好天まで待つことにした。この年の春は商業登山があまり多くなく、山を登り降りして、顧客のためにロープを固定したり、キャンプの設営をしている人々はいないようだったので、自由に登ることができた。

降りようとエミリーに言いながら、次回は越えなければならないイエローバンドをちらりと見た。それは五〇メートルほどのかなり急な岩の帯で、特徴的な黄色い部分をヒマラヤのどの山からでも見ることができる、高度七八〇〇メートルから八二〇〇メートルのところにある。そこを何度か見返してから、エミリーが問題なく降りているか確認した。なんだって! 心臓が止まり、言葉を失った。彼女は雪の上を高速で、腹ばいになって頭から滑り落ちていた。コントロールを失い、固い雪で覆われた四〇度の斜面を落ちていくその先は……。いや、それは考えないほうがいい。われに返って声を上げ、できるかぎりの速さで、エミリーがしがみつこうとしてピッケルで雪面に残した跡をたどった。エミリーが最初にピッケルを失ったところまで来た。「止まれ！頼む、止まってくれ！」。ぼくは呼吸ができず、心臓は血液を送るのを止めた。ようやく、さらに一〇〇メートルほど下で、エミリーはもうひとつのピッケルでどうにか落下を食いしめた。追いつくと、ぼくの心臓はふたたび脈打ち、今度はとてつもない速さになった。ぼくは固く抱きしめた。彼女の息は荒いが、パニックにはなっていなかった。

「ずいぶん急いで降りようとしたもんだ」。感傷的な場面を避けようとしてそう言うと、彼女は微笑んだ。

翌日、エミリーはまた登りたいと言った。そして数日後、ぼくたちは山頂への二度目のチャレンジをした。ひどい寒さだった。夜間の強風のため、七二〇〇メートル地点で洞窟に入り、太陽が出て風が収まるのを待たなくてはならなかった。日が出ると気温は通常に戻ったが、黒い雲が北から近づいていた。イエローバンドに到達したとき、エミリーは下山することにしたが、ぼくはさらに数時間登りつづけた。雪と霧で、山頂を見つけることはできなかった。

その週起こったすべてのことは、ぼくに失敗の重大さを思いださせた。ぼくたちはちっぽけな、弱い人間にすぎない。このことはいつも心に留めておかなくてはならないことだ。とくに、成功に慣れてしまい、自信過剰になっているときには。自分は不滅で、何にでも勝つことができると人は思いがちだ。競技ではときには不遜になることも許されるが、山では、それは誰かを悲しませる結果に終わってしまう。

こうしたことが今回のエベレスト登頂を目指したチャレンジで、たとえわずかでもリスクを取りたくないと思った理由のひとつだろう。そのときから、ぼくは北壁の斜面を登るのを心地よく感じられなくなってしまった。ロンボクからひと息に補助なしで頂上まで登るというのはそれ自体意味のあることだ。ぼくはその高さまでまだ登ったことがなかったし、自分の身体がどういう反応をするかも予測できなかった。

今日のメディアでは、物事は矮小化され、成功だけに価値が認められ、失敗は弱さのしるしだと思われている。そのため人は行為のレベルを下げて成功の確率を高めるか、失敗と批判を受けいれて、夢を達成できるときまで挑戦を続けるか、どちらかを選ばなくてはならない。失敗は明らかに人気がない。新聞やラジオ、テレビなどの情報でも、挑戦が話題にされることはない。人が聞きたがるのは成功の話だけだ。ヒーローになるのは成功者だ。困難に打ち克ち、努力と忍耐で、やろうと決めたことをなんであれ成し遂げる人々だ。失敗を評価する人など誰もいない。スポンサーはアスリートから、ファンファーレつきで告知できるようなニュースを求めているし、登山家はつぎの遠征の資金が確保できるように、高く危険な山頂へ登ろうとする。もし成功の可能性が高い簡単なプロジェクトを避けようとすれば、死を招く危険とのあいだに引かれた線はどんどん細くなっていく。ジャン＝クリストフ・ラファイユ、ブノワ・シャムー、それにもしかしたらウーリー・ステックも……なぜ彼らが過度な危険に踏みこんでしまったのかは決してわからない。だが、メディアや社会的、金銭的なプレッシャーは意識を変える。「やってやる。何度もこれに挑んで失敗してきたが、今度はうまくいくはずだ」と思うようになるものだ。人はほんの一瞬であれ、自分が賭けているのが命だということが見えなくなってしまう。このプレッシャー――外面的なものも、内面的なものも――から自分を切り離すこと、そして登山ではほかのスポーツとは違って成功と失敗はそれほどきっぱりと分けられないということを受けいれるのはとても重要なことだ。辛抱強く、挑戦のうち少なくとも半分は望んだ結果を得られないということを理解して、何年も挑みつづけなければならない。

北東稜のノーマルルートをとることに決めると、そこからは順調だった。六三〇〇メートルのABCで一日休息し、山頂へのアタックのまえに最後にもう一度順化のために登った。ピッケルを持ち、アノラックを着て、分厚い手袋をバックパックに入れて出発した。ノースコルまでは楽に到達し、それからストックで身体を支えながら北稜を進んでいった。まるで五分の一のスピードでフェリのバーティカルキロメーターを走っているようだった。完璧だ。一定したダイナミックなリズムを保ち、この先身体がどう反応するかを確認するために速度を上げてみることもできた。八〇〇〇メートルまで達して戻ろうと考えていたが、そこまでたった四時間で来られたし、体力も十分だったので、さらに進むことにした。六時間も経たずに、商業登山で山頂へアタックするまえの最後に使われる第三キャンプに着いた。テントのあいだを進んでいくと、登山許可証を共有している遠征隊を顧客に山岳ガイドをしているネパール人のペンバがいた。

「ナマステ、ペンバ。元気かい」

「まあね」。彼は酸素マスクをはずした。「どこから来たんだ?」。驚いた様子だ。ぼくにそこで会うとは思っていなかっただろう。

「ABCを今朝出てきたんだ」

「今夜はここで眠るの?」。彼は混乱しているようだったが、そう推測したらしい。

「いや、テントも持ってないし。それに、下のほうがよく眠れる。試しに登ってきたんだ」

「きみはサルだよ!」。ペンバは大笑いして、驚いたようにぼくを見つめた。

ぼくは笑顔で言葉を返し、手を振って別れ、北東稜の八四〇〇メートルの地点に到達した。そこでいったん立ちどまった。壮大な景色で、午後の太陽が明るく照っていた。暑いくらいだ。ここまで登ってきたんだ、という思いが湧きあがってきた。そこでしばらくためらった。さらに山頂まで進むべきかわからなかった。とても近く感じられる……だが、計画に従うことにした。この日は順化の一環で、一週間後に山頂を目指す。そこにしばらくたたずみ、空気と景色を堪能してから降りはじめた。調子がよかったので、雪の斜面をジョギングし、ABCまでは三時間以内に戻り、少しテントを整理して荷物を解き、夕食を食べた。その日は身体の調子も最高で、順化が成功したことがわかったし、高地でどんなパフォーマンスができるかの確認になった。学んだことがひとつだけあるとしたら、調子がいいときは登りつづけて様子を見るべきだということだ。高地では、チャンスはそう何度も訪れないのだから。

五月二一日、誰もがテントで眠っている時間に、ぼくはひとり八五〇〇メートルを超える尾根に立ち、山上の静かな時間を盗む泥棒のような感覚を味わっていた。そこには誰もいるはずがない。太陽はチョ・オユーの向こうに沈みかけている。周囲の山がどれも小さく感じられる。体調は悪かった――最悪のタイミングで胃腸炎にかかり、吐き気と下痢に襲われていた――けれども、ぼくはすべてを忘れてこのまたとない瞬間を強烈に感じていた。夜の静けさと美しさを余すことなく抱きしめることができた。

前日までの四日間はロンボクのベースキャンプで身体を休め、ときどき機会を見つけてランニングし、チベットの山小屋でフライドポテトを食べて過ごしていた。テントにいるのは退屈だった。二〇時間ほどまえ、五月二〇日の夕食後に、毎日登山者が上がってくる道の端にある雪と岩の遊歩道を出発した。登山者たちは世界の最高峰をバックに自分の写真を撮ったり、一〇〇〇年前にチベット仏教の偉大な聖者、ミラレパが瞑想した洞窟の土産ものを買ったりする。ぼくはバックパックを背負った。なかには必要なものがすべて入っている――ダウンのスキーウェア、クランポンつきのブーツ、ピッケル一本、ストック二本、水一リットル、ジェルとエナジーバー一五本、ヘッドランプ、手袋、ミトン、サングラス。ぼくは何年も最適な装備を研究してきた。ブーツや衣服、バックパックのプロトタイプを製作する開発者やデザイナーを訪れたときは、いつも「これじゃない。これは駄目だ。これはなくてもいい」といった意見を伝えることが多い。消しゴムを取りだして、紙に描かれたジッパーやポケットなど不必要と思えるものをすべて消していくと、しまいには一筆書きできそうなくらいシンプルなデザインになる。たとえばぼくが履いているブーツは、断熱材で覆われた大きなソックスのようなものに、カーボンファイバーの靴底とクランポンが最初からついている。そうすれば場所もとらないしほとんど重みもない。スニーカーで走りはじめて、雪のところまで来たらこのクランポンつきソックスを上からつけて氷上を進んでいける。

午後一〇時に走りはじめ、夜じゅうかかって二〇キロの果てしないモレーンを越えてABCのある氷河まで達した。休憩をして水分と食料を補給するため二時間ほどそこに留まった。太陽が昇って辺りが暖かくなるのを待ち、雪のなかを出発した。最初の日射しとともに氷河をよじ登り、ノースコルまで行く。そのころから、この日は何かがおかしかった。腹のなかが落ち着かず、何度も急に吐き気を催した。胃腸炎だと気づくころにはもう八〇〇〇メートルまで登っていて、これほど頂上の近くまで来て引きかえすのは恥ずかしかった。いずれにせよ、腹痛や下痢で死ぬことはないだろう。せいぜいつらい時間が待っているくらいだ。いちばん不便なのは下痢だ。スノースーツのジッパーを下ろして上半身の部分を脱いで用を足すのは、山のなかではかなり不快なことだ。そこで、食べずに進むことにした。何時間かは身体に蓄えた脂肪でどうにかなる。エネルギーは落ちるだろうが、少しずつ登りつづけることはできるはずだ。

雪崩は起きそうにないコンディションで、あとは尾根をたどっていけばいいことを考えると、思い浮かぶリスクは肺水腫か、寒さで動けなくなることくらいだ。症状のことは心配せずにゆっくりと前進した。

太陽がチョ・オユーの下に沈んでも、怖じ気づかずに進んだ。どれだけ気温が下がっても、動きつづけていれば問題ない。一歩ずつ、時間も心配も忘れて、孤独と暗闇という夜の贈り物に感謝しながら登りつづけた。

高地では、時間の感覚は奇妙な、直感的なものになる。それは自分のまわりを漂っているが、触れることはできない――拡散している。同じことが思考にも起こる。静まり、頭は空っぽになる。頭は深い瞑想に吸いこまれ、のろのろと進もうとする身体から切り離される。この集中状態を破るのは、技術的に困難なことが起きたときだけだ。そうすると思考はしばらく正確に身体を動かすことに費やされたあと、また淵へと落ちていく。

もっと早い時間に山頂へ登っておくべきだったと感じはじめていた。暗闇のなかでは、どこで山が終わるのか見えないし、岩はすべて突きでていて、これを登れば終わりかと期待するが、その先にはまた岩があるのだった。ようやく暗闇のなかで稜線が微かに見え、そよ風を感じ、到達した頂上の前方でいくつかの光がゆっくりと点滅した。

数時間ぶりに時計を確認し、真夜中過ぎだと知る。目の前では、山頂の祈りの旗が揺れている。疲れきり、朦朧《もうろう》として、その旗の下に腰を下ろして深く息を吸い、膝のあいだで頭を揺すぶった。そのとき、満足感はまったくなかった。ただ、深い解放感があるだけだった。**やっと、やっともう登りつづけなくてもいいんだ。**身体を回復させるためにエナジージェルをポケットから出して食べた。数時間ぶりに口にした食べものだった。

夜は黒く、明るかった。北と南で、いまぼくがすわっているここを目指す蛍のような光が最後のキャンプから出発していた。ようやく満足感が訪れた。**そう、ぼくは自分が行くことのできる最も高い場所にいるんだ。**ありがたいことに疲労のほうがこの感覚よりも強く、まわりの状況がわからなくなったり、興奮でわれを忘れることはなかった。

まもなく、ゆっくりと降りはじめた。八七〇〇メートルの三角雪田まで来たとき、腹がいますぐにスキースーツを脱いでしゃがめと指令を発した。**ああ、ジェルを食べたのは間違いだった！**岩をつかんで用を足し、その状況で可能なかぎり慎重に尻を拭いた。ミトンが分厚く、かなり難しい作業だった。ようやく終わって、こんな状況の自分自身を笑い飛ばしながらまた降りていった。三角雪田の麓で、ポーターとガイド、その顧客たち五〇人が粛々と黙って登っていく、ライトのまぶしい長い列の最後に遭遇した。彼らはロープを結び、最も技術の必要な区間をふさいでいた。まもなくその集団の最後の照明とすれちがい、またひとりになった。尾根づたいに降りていくと、太陽が挨拶をした。風から守られ、昇る太陽の心地よい暖かさのなかで、ぼくは足を止め、地面に横たわり、しばらく休んだ。

そのとき八〇〇〇キロ以上離れたヨーロッパにすでに戻っていたエミリーは、ぼくがどこにいるのかも知らずにいた。もう数時間前にはベースキャンプに着いて連絡を入れているはずだった。愛する人が巨大な山に入っているときには、「知らせのないのはよい知らせ」という言葉はあてはまらない。連絡がないと、最悪の事態を考えてしまうものだ。彼女はぼくが山頂近くのどこかで苦しんでいるか死んでいると思いこんでいた。あらゆることがすぐに知れわたってしまう過度につながった世界で、ぼくはまったく逆のことをしていた。すべてを自分ひとりで決断したかった。なんの影響も外部からの重圧も受けず、うまくいかないときの励ましも、悪天候が近づいているから断念すべきだとか、もっとゆっくり移動したほうがいいと忠告する人もなしに。そのため、衛星電話をセブのところに置いて出発した。この判断によって、ぼくの経験はより真正なものになり、ぼくを愛する人々は苦しむことになった。ベースキャンプのセブも、ゼガマにいるエミリーも、ぼくがどこにいて何が起こっているかを知らなかった。

ようやく、午前が半分過ぎ、ロンボクを出発してから優に三〇時間は経ったころ、ＡＢＣでセブと会った。家に電話をかけ、何もかも順調で、もうすぐ帰ると伝えたが、ぼくは体力を回復して数日後にふたたび登ることしか考えていなかった。

ゆっくりと降りてきたので、疲れてはいたがそのあいだに考える時間があった。自分に少しがっかりしていた。調子は五日前ほどよくなかったし、胃腸炎のせいで散々な目に遭った。もっといいパフォーマンスがしたかったし、できるはずだった。ぼくはそのとき、短期間に二度登ることは可能だとたしかめることができれば、と考えはじめていた。アルプスで一週間過ごすときは、谷底にトラックを停めて朝食のあとで毎日どこかへ登る。この方法を、ヒマラヤの高峰に持ちこむことができるだろうか？　それを知る唯一の方法は、間《ま》をあけずにまた登ってみることだ。ただずいぶん無理をしたので、三日で身体が回復するかどうかは不安だった。

同じ日に、ＡＢＣに設置したテントを撤去してロンボクまで降りた。ベースキャンプでは、ウォール街のように会話が交わされていた。ただし、話題は株価やマネーのことではなく、天候についてだったが。ときどき商業登山隊と同じ場所に居あわせることによい点があるとすれば、豊富な情報源のなかから最も信頼できる気象予報が手に入ることだった。五月二七日はシーズン最高の日になりそうだ。

数日身体を休めてその日を迎えた。ふたたびモレーンを越えてＡＢＣまで行った。もう自分たちのテントはなかったから、無酸素でエベレスト登頂を目指していたエイドリアン・バリンジャーとコリー・リチャードの遠征隊に参加していた医師のモニカが彼らのテントで寝るようにと招いてくれた。ぼくは数時間休みを取り、夜明けまえに山頂に向かった。

いいペースで歩き、しばらくして早くも北稜に達した。予報ではすばらしい天候に恵まれるはずだったが、高い雲の幕で太陽の熱は届かず、七〇〇〇メートルではダウンのスキースーツを着て寒さを防がなくてはならなかった。疲れはあったものの調子はよく、およそ七時間で八三〇〇メートルに達した。順化の日よりは一時間遅いが、五日前よりは二時間早い。下ってくる何人かとすれ違った。酸素ボンベをつけた日本人のパーティ。ドイツ人登山家ラルフ・ドゥイモヴィッツは無酸素で、寒いとこぼしていた。ぼくは登りつづけ、降りてくる登山者たちとすれ違った。

北稜から北東稜に入ると強風に見舞われた。あまりの寒さに、持っていた服をすべて着た。空になったバックパックとストックを岩にくくりつけた。寒さと風で、両手を低くして動かなくてはならないからだ。第二ステップに着くまえに出会ったエイドリアン・バリンジャーは、無酸素での登頂の夢を達成したところだった。コリーのほかに、ガイドやシェルパ数人が同行していた。そこからはまたひとりで山頂に向かった。風はやまなかった。それどころか、飛ばされた雪が尾根に集まっていた。ときにはかなり深く道を掘らなくてはならなかった。ペースは遅かったが調子はよく、寒さにも耐えられた。高度のせいでまた意識は朦朧としたが、ほとんど機械のように一歩一歩、日が暮れるまで進みつづけた。三角雪田の麓で、美しい日没が待っていた。山頂まではあと標高一五〇メートルだ。

辺りは闇に包まれ、風が雪を踊らせている。太陽が高い雲の海に静かに沈み、周囲の八〇〇〇メートルの山頂はぼくの視界から消えていく。この美しさは、また恐怖の色も帯びている。この高度でまたひと晩過ごす前奏曲だからだ。一歩ごとに苦しく、心はずっと声を上げている。**止まれ。振りかえれ。こんなに苦しい思いをする必要はないじゃないか。その声に反対する理由は何**

も見つからなかった。だが、人は何か理由があって山に登るわけではない。さらに進み、二五歩まで数えて止まった。また二五歩。もう一度止まって激しく息を吸う。肺を希薄な空気で満たす。

そうやって五日前と同じ道をたどり、雪に覆われた頂が見えた。あと数メートルで旗だ。そして、そこに達する。強風が吹きつけてきた。山頂で考えたのはただひとつ、振りかえって、できるだけ早く下山することだけだった。そこにいると、感情にとらわれて誤った判断をしてしまう。高揚感が気を逸らせ、恐怖が物事をはっきりと見えなくする。風が襲いかかり、雪が顔を叩いていた。ぼくはいま来た道をたどっていった。

降りている途中で嵐が起こり、だんだんとひどくなっていった。猛烈な吹雪とまではいかないが、雪は多い。風があらゆるものを吹きあげていて、夜の闇のなかで道に迷わないように目をこらさなくてはならなかった。地面を踏む足が遠く感じられ、まるで漂っているようだった。疲れを感じ、自分の行動が夢のように思えた。身体と心が切り離され、それぞれべつの方向へ進んでいるようだった。

順調に三つのステップを通過し、ゆっくりと下って北東稜を離れ、北稜に向かった。気づいていなかったが、もう何時間も何も食べず、飲んでいなかった。すべてのエネルギーを山に注ぎ、ほかのことはまったく考えていなかったのだ。

岩が露出したルートをあとにしたときには、はっきりと考えることができなくなっていた。簡単な計算すらとてつもない努力が必要だった。足し算や引き算が複雑な方程式を解くよりも難しく、止まりそうな頭をどうにか働かせた。登ってくるどこかでバックパックを置いてきたことはわかっていたが、記憶を探してもその場所のイメージがまるで湧かなかった。荷物けどこなんだ、キリアン？　考えろ、キリアン、考えるんだ。もう過ぎてしまったんじゃないか？　ああ、見ろよ、あったぞ！　ぼくはひざまずいてバックパックを拾った。記憶はそこで途絶えた。

ぼくはどこだ？　いったいどこにいるんだ？　ふいに意識が戻ってきた。見たこともない、かなり急な斜面の岩棚を歩いていた。どうやってここに来たんだろう？　尾根はどこだ？　辺りは真っ暗で、ヘッドランプの明かりで前にある岩の形がわかるだけだ。雪と氷の壁面だけが見え、そのまわりは闇に吸いこまれている。かすかな記憶があった。ああ、わかるぞ。去年壁から離れたあと通ったところだ……ここで雪崩に遭ったんだ！　でもどうやってここまで来たんだろう。北壁の東側で、ぼくは何をしているんだ？　方角はまるでわからず、バックパックを拾ってからそこまでのルートをたどり直すこともできなかった。何も思いだせない。空白の時間の長さも、そのあいだにどこを通っていたのかもわからなかった。それはあとで考えよう。いまはここから抜けだして道を見つけるのが先だ。

北壁の東側にいるということは、左に進み、北稜を探すのが最善だと考えた。それから、三、四〇メートル後ろから誰かがついてきていることに気づいた。ゆっくりとした動きで、この距離では誰なのかわからない。シルエットははっきりしているものの、そのときは理由はわからなかったが、逃げなければと思った。どういうわけか、ぼくはその人物が遠回りをしてこんなところへ来てしまった原因だと思った。なんであんなに遅いんだ？　かなりゆっくりと、じわじわと前進している。さあ、もっと早く。ぼくはキャンプに戻りたいんだ！　ほとんど最初から幻覚であることはわかっていたが、そのことを忘れないようにずっと自分と戦わなくてはならなかった。ぼくが左に進んでも、必死で北稜を求めても、それは消えることなくあとをついてきた。

最初に横切った山脚は危険を感じさせた。記憶しているよりはるかに急でごつごつしていたが、春と夏の違いだと思った。二番目の山脚に着いたとき、自分が考えていたのとは違う場所だと気づいた。いまごろは、去年登っていったルートの上方にいるはずだし、北稜にも着いていなければならないはずだ。ここが北稜のはずなんだ！　それなのに、なぜ何もない？　北稜はどこなんだよ！　岩の壁が続き、さらに斜面は急になって、自分の記憶とずれていき、ようやく自分の間違いを認めざるをえなくなった。ここは北壁の東側じゃない。自分がどこにいるのか、なんの手がかりもない。追ってきた人物はもう消えていた。脳はまだ疲れてぼんやりしていたが、ぼくは注意力を呼び覚まし、迷ったとわかった以上はっきりと考えるように命じた。

身体の調子はよく、死の恐怖はなかった。とても、そう、極度に疲れていたのはたしかだけれど、身体は耐えているし、簡単に動けなくなることはないだろう。必要なら数時間でも動きつづけられる。問題は自分がどこにいるかわからないことだった。まるでわからない。ぼくは手がかりになるしるしを探しながら降りつづけた。事前に調べた山の写真の記憶をたどろうとした。その斜面はどこか、モンブランの南壁、プトレイ山稜かイノミナータ山稜のようだった。ごつごつしていて、たくさんのなめらかな巨石でできており、かなり幅広い岩棚ができている。ときどき面倒になって、クランポンを石の表面に食いこませて引っかかるまで滑り降りた。岩は脆く、ひどい状態だった。手や足を置いたときに崩れることもあり、また斜面があまりに急で、ミトンをはずして薄い手袋で岩の感触をたしかめなければならないこともあった。一〇〇メートルほど降りたが斜面は終わらず、方向を示すようなものも見つからなかった。

狭く、両側を区切られた壁面に達した。ここを通って小さな足場まで降りられるかもしれないと考えた。足の下は何も見えない。左と右にはほぼ垂直な壁面がある。腰を下ろし、できるだけ身体を壁に近づけて落ちないようにし、頭上の岩のあいだから降ってくる雪から身を守った。待て、キリアン。未知の場所に進んでいくまえにちょっと考えろ。降りていったら、ABCがある氷河があるだろうか？　だがもしここが北壁の東側でなかったら、下には何がある？　ここをもう一度登らなくてはならなくなったら？　思考はまだかなりぎこちなく、重く、ぼんやりと不正確だった。これは現実なのか、夢なのか、あるいは悪夢なのか、そしてキャンプのテントで何時間も眠っているんだとしたら？　そうかもしれない……ここまでどうやって来て、夢を見ているのか思いだせない……ああ、なんてひどい夢だ！　もう目覚めたってよさそうなものだ！　キャンプに戻りたい！　もしかしたらこの淵に飛びこんだら、それで映画みたいに目が覚めるかもしれない。いや、これは夢じゃないんだ……。頭の動きは遅く、混乱していた。幕がかかったように、はっきりと考えられない。ぼくは何をしているんだ？　何を？　考えろ、考えろ……待てよ。ぼくは疲れている。幻覚を見ていて、ちゃんと考えられないんだ。いまは真夜中で、自分の居場所はまるでわからない。少なくとも気分は問題ないし、体調もいい。いま優先すべきは、馬鹿なことをしないことだ。

雪と風をしのげたので、そこに留まって太陽が昇るのを待つことにした。日射しがあれば、どこにいて、どの方向へ進むべきかがわかるだろう。ぼくは膝を抱えて目を閉じて休み、やがて浅い眠りに落ちていた。

まもなく目覚めると、思考が普段どおりの速さとたしかさを取りもどしていた。ありがたい。やはり夢ではなかった。まだ壁面の途中にある小さな台の上にいる。まずは時計を確認した。もっと早くこうすればよかったのに、なんて愚かだったんだ。時間はおよそ午前二時で、高度は八〇〇〇メートルだった。GPSだ！　GPSを見よう！　GPSをオンにしていたことをふいに思いだし、時計に表示されたナビの曲線を確認した。線はまっすぐ降りたあと急に左に九〇度曲がり、そのまま一キロほど進んでいた。ずっと北壁にいたんだ！　脳は働きはじめ、数カ月も心のなかで眺めてきた山の写真の記憶をたどった。いまいるのはノートン・クーロワール周辺の石の壁面にちがいない。七六〇〇メートルまで降りれば、メスナーが通った雪原があって、そこからは問題なく北稜に戻れるだろう。

少し安心できた。ようやく自分の位置をしっかり確認できた。まだ岩が脆く、傾斜も急な不安定な場所にいて北稜までは遠いため、油断はできない。山に登るというのは、身体を山に預けることだ。それが返ってくるのは麓まで戻ったときだ。壁面に埋まった岩から数メートル登り、身体を落ち着けて壁面を右に渡っていける場所を探した。何枚かの岩といくつかの山脚、雪面と石の帯をたどって暗闇のなかを北稜まで戻ってきた。

ようやく自分の意志で身体を動かせるようになった。夜のあいだは誰かが自分のなかに入り、ぼくというちっぽけな存在を無視して、相談もなしに勝手に判断して動かしているようだった。そして理由はわからないが、その人物はどうやら北壁へ行きたかったらしい。おめでとう、と言うしかない。

日の光とともに、降ったばかりの雪で一メートルほど覆われた北稜は快適になった。夏にまたあの山頂へ戻ることを考えてわくわくしながら、誰ひとりいない新鮮な雪のうえを尻で滑って降りてきた。キャンプまで来ると人の声が聞こえてきた。最後の斜面を滑ると、誰かが氷河から駆け寄ってきた。セブだ。彼が差しだした水を飲むと生きかえるようだった。

キャンプに着くと、腹はまだ食べものを受けつけなかったが、少し食べて、すぐにエイドリアンとコリー、モニカにテントに眠らせてくれたことを感謝して別れを告げた。二〇キロのモレーンを走ってロンボクまで戻り、荷造りをした。翌朝にはラサ行きの車が待っているだろう。家に帰るのだ。

エピローグ　歓迎

フェリーのハッチが閉まり、進みはじめた。ぼくはカフェテリアでワッフルを買い、デッキに出た。新鮮な空気と湿度がヒマラヤとは対照的だ。人差し指を日焼けした唇に当てて、ほとんど真っ黒になり、乾燥のためしわが寄った手を見た。だが視線を上げたとき、ぼくはもう高山のことは忘れていた。そよ風と海の香りが、ノルウェーのフィヨルドへと意識を連れ戻した。

船は急速に陸に近づいていくが、三〇分の船旅が永遠にも思える。岸に停まるまえに、すでにバックパックを背負って待ち、タラップがかかったときには、エミリーが車のエンジンをかけて待っているのが見えた。言葉を交わさずにキスして出発した。ぼくたちは口を開かなくても、なんでも伝えあうことができる。

バックパックを家に置き、埃だらけのキャンプから二日間の旅のあいだ着ていた汗まみれの服を脱いで、スニーカーを履いて走りに出かけた。しばらく横に並んで話さずに走り、風の音やシンクロしているたがいの呼吸のリズムを味わう。数キロ走るうちに、言葉が向かう場所を探しはじめた。そして少しずつ、会話が山の記憶を置き去りにして、日常が帰ってくる。まるで周囲の峰を走った日の朝に戻ったようだった。

「今週の土曜日に、ガイランゲルでレースがあって、出場しようかと思っているの。あなたも来る？」

「ああ、競技のリズムに戻すのにちょうどいいね」

霧と湿った草のあいだを二時間ほど走った。山はまだ雪に覆われている。家に帰ると、まだ荷ほどきをしていないバックパックがある。中身をふたつの山に分けて取りだしていく。汚れた服と片づける道具。すぐに仕分けて、服のほうを洗濯機に放りこむ。バックパックにはまだ残っているものがある。つぎの出発の準備のために、予備のものはいつも入れたままにしている。

夏が来ている。山頂の雪はあっという間に消え、入れ替わるように花が咲きはじめた。わずか数週間で景色は変わり、これほどまでに鮮やかなとりどりの色と生命に溢れた牧草地が白で覆われていたことなど誰も思いだせないだろう。

ぼくの頭のなかでも、エベレストの記憶は、解けることで地上に新たな生命をもたらす雪のようにあっという間に消えた。こうして忘れることで、新たに学ぶことが可能になり、また何かにわくわくできるようになる。すでに週末のレースや新しい遠征、新しい試みを生む発想を楽しみにしていた。

ぼくをよく知っている何人かの友人たちは、ぼくの家に来ると、棚にトロフィーが並んでおらず、本や地図でいっぱいなのを見て驚く。過去に囚われるのが怖いから、優勝したレースのトロフィーを取っておかないようにしているのだ。祖父にあげることもあれば、興奮で目を輝かせながら観戦していた子供にあげることもある。あるいは宿泊したホテルのオーナーやスポンサーに。分解してリサイクルごみに出してしまうこともあれば、スキーのワックスを剝がしたり、まな板にして野菜を切るのに使ったりすることもある。ぼくにそんなことをさせるのは、過去にこだわることへの恐れだろうか、それとも虚しさだろうか。たぶん、これほど虚しいと感じてしまうのは、有名であることが心地よくないからだろう。

「いつか、自分が成し遂げたことをちゃんと味わってこなかったことを後悔する日が来るでしょうね」。エミリーはまるで叱るように言う。

遠征の計画をするのも、それを実行するのも、すばらしい最高の時間だということは間違いない。だが成功したなら、結局それはあまり難しいことではなかったのだ。意味があるとすれば、どうやってその先へ行こうかと考えさせてくれることだけだ。

短い夜のまだ早い時間に、山へ走りに出かけた。家のすぐ脇から、岩が濡れ、落ちた枝が散らばっている狭く急な小道を通り、フィヨルドを抜けて山に入っていく。高い草や虫に邪魔されることもなく、あるのは岩とかろうじて生えている植物くらいだ。空から細かな雨が降り、登ろうとしている尾根は霧で見え隠れしている。

登りやすい尾根だった。家で読んだガイドブックによれば、ノルウェーで使われているグレードでⅣという難易度で、ぼくにとってはとくに苦労することもない。家の近くには、まだ登ったことのない簡単な壁がいくつかあり、つぎのレースまでのあいだリラックスするために、退屈な一日にそこへ行ってみることにした。濡れた岩で足元が滑ったが、手でしっかりとつかめたので、そのまま進んだ。尾根は狭くなり、ついには鋭いナイフの刃のようになった。石はかなり不安定で、ぼくと友達にはなりたくなさそうだ。尖った尾根をさらに進んだ。風と雨が身体を前後に揺らし、そのうちぼくは、自分はいったいここで何をしているのかと疑問を抱きはじめた。エベレストから帰ったばかりだというのに、標高わずか一〇〇〇メートルほどの山に、小さくても大きくても、人が望みどおりにふるまえるかどうかを決めるのは山のほうだと釘を刺されてしまった。

その週の土曜日、ぼくはまたナンバーカードをつけ、舗装された道でのハーフマラソンをはじめて走った。登り坂の道路でのレースだった。

帰る車のなかで、エミリーは紙を取りだし、その夏に一緒に走りたいレースを書きだしはじめた。予定のない週末があったので、登りたい山や行きたい旅を考えた。夜眠るときには、紙の両面に隙間がなくなっていた。余白には手書きでびっしりと、峰の名前やルート、レース、あるいは実現する時間が取れないほどのたくさんのアイデアが書きこまれている。

ひと夏や一年、あるいは一生あっても時間はまだ足りないよね、と話しあった。それでも、きっと挑戦するだけの価値はある。

雪崩か崖崩れに飲みこまれるか、あるいは老いがやってくるまで、ぼくはあの剝きだしの軽さを愛し、山に登りつづけるだろう。身体の力を使いはたし、心についていけなくなるまで動きつづけるだろう。最高の時間はいつも現在で、最高の思い出はいつも明日だと信じている。


日射しがノックもせずにベッドルームに入ってきて、優しい一陣の風がカーテンを動かした。寝返りを打って眠りつづけようとしたが、もう遅かった。隣に腕を伸ばしたが、しわの寄ったシーツしかなかった。しばらくベッドでぐずぐずし、手足を伸ばして目をはっきりさせた。ナイトスタンドの時計には午前六時と表示されている。窓からは明るい青空が見えている。風がまたカーテンを揺らして吹きこみ、春の森の匂いがする新鮮な空気を運んだ。起きあがると、関節が少しきしみ、脚がぎこちなく、重たかった。

日射しが部屋を完全に明るくし、ガラスの外では夜の露で湿った草が新鮮な空気を放出している。昨日のレースで着たシャツとパンツはまだ窓際の椅子にかかっていた。嗅いでみると、臭いはそれほどでもなかった。パンツを穿き、Tシャツを頭から着たとき、ドアが開いて陽気な声が聞こえた。

「ねえ、走りにいこうか？」

訳者あとがき

キリアン・ジョルネは二〇一七年五月二〇日から同月の二八日にかけて、（シェルパなどの同行者や酸素ボンベの助けを借りない）単独無酸素、固定ロープに頼らず、一週間で二度のエベレスト登頂を成し遂げた。一回目が標高五一〇〇メートルのベースキャンプから二六時間で登頂、三八時間後にアドバンスト・ベースキャンプ（ＡＢＣ、標高六三〇〇メートル）に帰還した時点で体調が万全でないためそこで終了となった。二度目はＡＢＣを出発し、一七時間で登頂、出発から二八時間三〇分でＡＢＣまで降りてきた。

これはジョルネが二〇一二年に始めた、世界各地の高峰（アルプス山脈の主要峰と、世界各大陸の最高峰）の登り降りでＦＫＴの更新を狙う個人プロジェクト「サミッツ・オブ・マイ・ライフ」の締めくくりとして行われたチャレンジだ。ＦＫＴ（Fastest Known Time／知りうるなかで最速のタイム）とは、トレイルや登山の特定の区間での最速記録を意味する。多くの選手が集まり、同一の条件のもとでレースを行う大会などとは違って、各人が好きなときにチャレンジし、

ＧＰＳのデータを登録してタイムを競う。「知りうるなかで（Known）」という部分には、こうした活動がなかった時代に、あるいは現在でも、記録を残すことなく、より速く走っていた人がいるかもしれないという慎ましさが込められている。

本書では、このエベレスト最速登り降りチャレンジを軸に、山岳スポーツ界のスーパースター、キリアン・ジョルネが自分の生い立ちやこれまでのトレーニング、レース、人々との出会い、パートナーとの暮らしについて語っている。山岳アスリートとしていくつもの競技で圧倒的な成績を収めていたころに、なぜ競技以外の活動を始めたのか。そしてその活動のなかで、人々との出会いと別れ、さまざまな出来事を経験したことによる心の変化。自分がいくつもの矛盾を抱えながら生きていることへの自覚。もともと社交的ではなく、メディアやファンの前で派手な言動をしてみせるタイプではないが、書籍という媒体では率直に感じたこと、考えたことを明かしてくれている。また、残念ながら日本語版はないのだが、映像作品『Kilian Jornet, Path to Everest』は本書と補いあうような内容で、比較的平易な英語の字幕がついている。ジョルネという人物とエベレストでのチャレンジについてより深く知るための一助として視聴をお勧めしたい。

二〇二一年六月

岩崎晋也

著者

Kilian Jornet

キリアン・ジョルネ

キリアン・ジョルネは世界最高の山岳アスリートだ。15年にわたり山岳スキーとトレイルランニング競技を牽引し、あらゆる大会やレースで勝利を収めてきた。スペイン、ピレネー山脈の山小屋で育ち、走っているときも、登っているときも、スキーをしているときも、山はいつも遊び場だった。アスリートとしてさまざまな分野に挑戦し、エベレストに2回連続で登頂するほか、世界各地の山の登頂スピード記録を塗り替えている。近年ではノルウェーに暮らし、山岳スポーツの限界に挑みつつ、映画や著作、デジタルコンテンツを通じて多くの人々の心に働きかけている。また、気候変動の抑制を提唱し、自然環境を守る意識を高めるための活動を行っている。

翻訳

岩崎晋也

いわさき・しんや

翻訳者。訳書に『トレイルズ　「道」と歩くことの哲学』(エイアンドエフ)、『アンダーランド　記憶、隠喩、禁忌の地下空間』(早川書房)、『アメリカン・ベースボール革命　データ・テクノロジーが野球の常識を変える』(化学同人)、『自然は導く　人と世界の関係を変えるナチュラル・ナビゲーション』(みすず書房)など多数。

ABOVE THE CLOUDS
by Kilian Jornet

雲の上へ

6日間でエベレスト2度登頂の偉業への道

2021年 8月12日 第1刷発行

著者
キリアン・ジョルネ

翻訳
岩崎晋也

発行者
赤津孝夫

発行所
株式会社 エイアンドエフ

〒160-0022 東京都新宿区新宿6丁目27番地56号 新宿スクエア
出版部 電話 03-4578-8885

装幀
芦澤泰偉

本文デザイン
五十嵐 徹

編集
宮古地人協会

[illegible]
株式会社シナノパブリッシングプレス

Published by A&F Corporation
Printed in Japan
ISBN978-4-909355-26-3 C0098